はじめに

漢字能力は日常生活を送る上で、欠くことのできない基本的な能力であり、パソコンが普及した現在においても、正しい知識がなければ適切な文章表現は難しいといえます。一朝一夕に身につくものではありませんが、書籍、新聞、雑誌を、漢字を意識して読むなど日ごろの努力の積み重ねが必要なことはいうまでもありません。

本書は、最近しだいに会社や学校で重要な資格とみなされるようになってきた「**漢字能力検定**」に合格できる実力を養うことに重点をおいて作成しています。また、**改定された常用漢字表**に対応しています。

特色と使い方

本書は「**練習編**」、「**実戦編**」、「**資料編**」の三部構成になっています。

「**練習編**」では読み書きな[illegible]に効率的に練習。各問題は見開き二ページ、解答は書き[illegible]います。チェックらんを利用して、繰り返し練習する[illegible]です。問題文中で＊のついた語句は「**ワンポイント**」[illegible]**がつく**」では漢字の知識や学習のこころがけなどがあ[illegible]がはかれます。

「**実戦編**」は検定と同じ形[illegible]ストで、検定前に、漢字能力の点検や弱点チェックを[illegible]ます。

「**資料編**」は2〜4級の[illegible]のせ、漢字の最終確認ができます。

また、「**解答編**」は答え合わせのしやすい別冊とし、まちがえやすいところは「×」や「注」で親切に示し、「**チェックしよう**」は重要な語句や漢字知識の解説で、幅広い漢字力の養成に役立つ工夫をしています。

目次

漢字検定3級トレーニングノート

1〜5 漢字の読み(音読み)①〜⑤ …… 2
6〜8 漢字の読み(訓読み)①〜③ …… 12
9〜11 漢字の読み(漢字識別)①〜③ …… 18
12・13 書き取り(誤字訂正)①・② …… 24
14〜16 書き取り(同音・同訓異字)①〜③ …… 28
17・18 書き取り(音読み)①・② …… 34
19 書き取り(訓読み) …… 38
20・21 熟語構成①・② …… 40
22〜24 四字熟語①〜③ …… 44
25〜27 対義語・類義語①〜③ …… 50
28〜30 部首(択一式)①〜③ …… 56
31・32 漢字と送りがな①・② …… 62
実戦模擬テスト (1)〜(6) …… 66
資料1 小学校学年別 配当漢字表 …… 90
資料2 級別漢字表(小学校学年別配当漢字を除く) …… 93
解答編 …… 別冊

1 漢字の読み（音読み）①

——意味を考え、必ず書いて覚えよう

よく出る

合格	もう一歩	がんばれ
(50〜35)	(34〜26)	(25〜　)

得点

● 次の——線の読みをひらがなで記せ。

□ 1 話は佳境に入ってきた。（　　）
□ 2 話し合って穏便に済ませた。（　　）
□ 3 決勝戦で惜敗した。（　　）
□ 4 埋蔵文化財の発掘に参加する。（　　）
□ 5 写真が新聞に掲載された。（　　）
□ 6 青春の哀感を描いた映画だ。（　　）
□ 7 新番組の企画を練る。（　　）
□ 8 抑揚をつけて朗読する。（　　）
□ 9 格差の拡大を憂慮＊する。（　　）
□ 10 壁面の塗装工事をする。（　　）
□ 11 箱のふたを粘着テープでとめる。（　　）
□ 12 非常食を携帯して山に入る。（　　）
□ 13 大雪で山小屋が崩壊した。（　　）

□ 14 飛行機が滑走路を飛び立つ。（　　）
□ 15 寒さで水道管が破裂した。（　　）
□ 16 コードが劣化して漏電した。（　　）
□ 17 熱帯雨林は湿潤な気候が特色だ。（　　）
□ 18 金銭に潔癖＊な人だ。（　　）
□ 19 高波でボートが漂流した。（　　）
□ 20 人生の師として敬慕している。（　　）
□ 21 カードを紛失して困った。（　　）
□ 22 早く片付けるように催促する。（　　）
□ 23 在庫の商品を廉価で販売する。（　　）
□ 24 ミスが続いて選手は動揺した。（　　）
□ 25 代表選手を激励する。（　　）
□ 26 支店に単身で赴任する。（　　）

□ 27 心身の鍛練に努める。（　　）
□ 28 計画を予定通り遂行*する。（　　）
□ 29 数か月滞在する予定です。（　　）
□ 30 長い間一点を凝視する。（　　）
□ 31 入場制限で混雑を緩和する。（　　）
□ 32 行政改革の大綱がまとまった。（　　）
□ 33 相手に慰謝料を請求する。（　　）
□ 34 受験が迫り、焦燥感にかられる。（　　）
□ 35 後悔先に立たず（　　）
□ 36 高熱が続いて身体が衰弱した。（　　）
□ 37 新入部員を勧誘する。（　　）
□ 38 深い余情と幽玄*な趣の水墨画だ。（　　）
□ 39 お客様に粗相*のないようにする。（　　）
□ 40 屋根の修繕を頼む。（　　）

□ 41 遠隔地からの通学は大変だ。（　　）
□ 42 ビタミンCが欠乏している。（　　）
□ 43 祝舞は華麗に演じられた。（　　）
□ 44 いよいよ人生の岐路*にさしかかる。（　　）
□ 45 叫びたい衝動にかられた。（　　）
□ 46 教授は研究に没頭*している。（　　）
□ 47 匿名の投書が届いた。（　　）
□ 48 人生は未知との遭遇*である。（　　）
□ 49 店内での大声は営業妨害だ。（　　）
□ 50 王位争奪戦を繰り広げる。（　　）

ワンポイント

9 憂慮＝悪い結果を予測して心配すること。
18 潔癖＝不潔や不正を極度にきらう性質や様子。
28 遂行＝物事を成し遂げること。
38 幽玄＝言葉に表れない深い趣。
39 粗相＝うっかりしたあやまち。
44 岐路＝わかれ道。
46 没頭＝その事に熱中する。
48 遭遇＝思いがけなく出会う。

漢字力がつく

漢字の音は、漢字が伝えられた当時の日本人が、中国人の発音をまねした読み方。**訓**は、漢字の意味に対応する和語（日本固有の言葉）をその漢字の読み方としたものである。

2 漢字の読み（音読み）②

——何通りもの読み方のある漢字に注意しよう

よく出る

合格	もう一歩	がんばれ
(50〜35)	(34〜26)	(25〜　)

得点

● 次の——線の読みをひらがなで記せ。

□ 1 物語の主人公は架空の人物だ。（　）
□ 2 ピアノの伴奏で歌った。（　）
□ 3 共同開発の契約を締結した。（　）
□ 4 新しい仕事が軌道に乗る。（　）
□ 5 ゴッホの絵画に心酔*している。（　）
□ 6 生徒の作文を添削する。（　）
□ 7 犯人は物陰に潜伏していた。（　）
□ 8 そんなに卑下する必要はない。（　）
□ 9 他社の製品を模倣した品だ。（　）
□ 10 わなは巧妙に仕組まれた。（　）
□ 11 被災者救済の施策を講じる。（　）
□ 12 往時を回顧して感慨にふける。（　）
□ 13 当方の実情をご賢察ください。（　）

□ 14 選挙で大いに勢力を伸張した。（　）
□ 15 日本舞踊の師匠をしている。（　）
□ 16 事件の輪郭が明らかになる。（　）
□ 17 火災予防の標語を募集する。（　）
□ 18 屈辱*的な大敗を喫した。（　）
□ 19 期限切れで効力が消滅した。（　）
□ 20 相手方の申し出を承諾した。（　）
□ 21 技術の粋を結集したロボットだ。（　）
□ 22 暴虐の限りを尽くす。（　）
□ 23 全員の意見を勘案して決める。（　）
□ 24 暫時、休憩をおとりください。（　）
□ 25 連合軍が全権を掌握*した。（　）
□ 26 敢然として難局に立ち向かう。（　）

□ 27 文章の末尾に感嘆符を打つ。

□ 28 直ちに必要な*措置が取られた。

□ 29 荒れ地を開墾して果樹園にする。

□ 30 入学希望者数が定員を超過する。

□ 31 バラの花が甘い芳香を放つ。

□ 32 イチョウは裸子植物である。

□ 33 植物の葉の表面には気孔がある。

□ 34 リストから必要なものを抽出する。

□ 35 おじは養豚業を営んでいる。

□ 36 図書室で貴重な資料を閲覧する。

□ 37 定年後は臨時職員に雇用された。

□ 38 国会が証人を喚問する。

□ 39 祖母は裁縫が上手だった。

□ 40 今回の出来事は痛恨の極みだ。

□ 41 建造物使用の権利を譲渡する。

□ 42 都会を離れ、郊外に家を建てる。

□ 43 会の運営委員を委嘱された。

□ 44 祝いの宴席を設ける。

□ 45 私の趣味は将棋とテニスです。

□ 46 *卓越した語学力を仕事に生かす。

□ 47 飛行機の墜落事故が起きた。

□ 48 子供のように無邪気に喜ぶ。

□ 49 事故にあったが、擦過傷で済んだ。

□ 50 試合の随所に好プレーを見せる。

ワンポイント

5 心酔＝ある物事に心を奪われ、夢中になること。

18 屈辱＝心ならずも恥ずかしい思いをさせられること。

25 掌握＝思う通りに支配できるようにしておくこと。

28 措置＝事態の始末をつける必要な手続き。

46 卓越＝普通の人の及びもつかないほど優れていること。

漢字力がつく

音読みには、呉音《ごおん》、漢音、唐音のほかに、「**慣用音**」がある。慣用音は、世間で使い慣らされている、わが国独特の漢字の読み方である。例えば、「頭」の音読みは「ズ・トウ」だが、「音頭《おんど》」では、「ド」と読む。

3 漢字の読み（音読み）③

よく出る

小学校・中学校・高等学校で一九四五字の「常用漢字」を学習。3級の配当はこのうち二八六字

合格	もう一歩	がんばれ
(50～35)	(34～26)	(25～)

得点

●次の――線の読みをひらがなで記せ。

□ 1 改革を説く論文に啓発された。（　　）
□ 2 二酸化炭素の排出を制限する。（　　）
□ 3 湾岸道路が開通した。（　　）
□ 4 ついに勝利の栄冠に輝いた。（　　）
□ 5 絶滅の原因は濫獲にある。（　　）
□ 6 料理に香辛料は欠かせない。（　　）
□ 7 互いに緊密に連絡を取り合った。（　　）
□ 8 中世の錬金術の夢は消えた。（　　）
□ 9 面目*躍如の働きで圧勝した。（　　）
□ 10 ヒノキの用材を伐採する。（　　）
□ 11 炎天下での作業が続いた。（　　）
□ 12 裁判官を忌避する。（　　）
□ 13 企業犯罪を容赦なく告発する。（　　）

□ 14 建物は九分九厘完成した。（　　）
□ 15 学問は基礎が大切だ。（　　）
□ 16 何の*変哲もない文章である。（　　）
□ 17 最新式の炊飯器を買う。（　　）
□ 18 突貫工事で年内に完成した。（　　）
□ 19 外見に似合わず幼稚な内容だ。（　　）
□ 20 古代人は狩猟で生計を立てた。（　　）
□ 21 昔から陶器の産地として有名だ。（　　）
□ 22 山海の珍味を頂いて、ご満悦だ。（　　）
□ 23 二者択一を迫られる。（　　）
□ 24 審議を重ねて結論に達した。（　　）
□ 25 両者の実力は甲乙つけがたい。（　　）
□ 26 倒産と聞いて債権者が集まる。（　　）

□ 27 倹約して海外旅行に出かけた。

□ 28 病後の養生が肝要である。

□ 29 地獄で仏

□ 30 会場内での喫煙は禁止です。

□ 31 祖父の長寿のお祝いをする。

□ 32 彼は霊魂の存在を信じている。

□ 33 麦芽を発酵させる。

□ 34 英語の文献を翻訳している。

□ 35 アメリカの裁判は陪審制だ。

□ 36 努力して弱点を克服した。

□ 37 大敗して虚脱*感に襲われた。

□ 38 車は交差点で徐行した。

□ 39 食パンを一斤買い求めた。

□ 40 発想が陳腐*でアイデアに欠ける。

□ 41 相続の権利を放棄した。

□ 42 思わぬ伏兵に虚をつかれる。

□ 43 改訂版の新しい辞書を買った。

□ 44 計画の概要を説明した。

□ 45 畜産はこの地方の主な産業だ。

□ 46 反逆者が陰謀をたくらむ。

□ 47 私の本籍地は東京都です。

□ 48 参加者全員で会場を掃除する。

□ 49 胃腸薬の錠剤を服用した。

□ 50 新しい時代の胎動*を感じる。

ワンポイント

9 躍如＝現実に目の前に見えるような様子。
16 変哲＝普通と異なり、変わっていること。
37 虚脱＝がっかりして何も手につかない状態になること。
40 陳腐＝ありふれていて、新しみがない様子。
50 胎動＝組織の内部から少しずつ表面化してくる動き。

漢字力がつく

〈慣用音の例〉 格子《こうし》、暴露《ばくろ》、信仰《しんこう》、懸念《けねん》、合戦《かっせん》、仁王《におう》、早速《さっそく》、愛想《あいそ》、弟子《でし》、法度《はっと》、納得《なっとく》、出納《すいとう》、拍子《ひょうし》、反物《たんもの》、夫婦《ふうふ》、留守《るす》、情緒《じょうちょ》、一切《いっさい》、納屋《なや》、納戸《なんど》、博徒《ばくと》、法主《ほっしゅ》、由緒《ゆいしょ》、女房《にょうぼう》

4 漢字の読み（音読み）④

——熟語は、原則として上の字を音で読んだら、下の字も音で読む。訓で読む場合も同じ

合格	(50〜35)
もう一歩	(34〜26)
がんばれ	(25〜)
得点	

● 次の——線の読みをひらがなで記せ。

1 幻想的なメロディーに酔う。
2 父は養鶏業を営んでいる。
3 寺院の境内に鐘楼がある。
4 車窓からの景色を撮影する。
5 因習に束縛されない。
6 城は険阻な地に築かれている。
7 畑で農作物を収穫する。
8 既成の概念には縛られない。
9 魔法にかけられたようだ。
10 大道易者に吉凶を占ってもらう。
11 無計画な浪費を慎む。
12 *殊勝な心がけです。
13 *老婆心でお節介をやく。
14 犯人逮捕に全力をあげる。
15 盆になると怪談がよく聞かれる。
16 傾聴に値する意見だ。
17 この道路は駐車禁止です。
18 冬は暖炉の周りに人が集まる。
19 感動して詠嘆の声を漏らす。
20 ノルウェーは北欧の国だ。
21 必要な栄養を摂取する。
22 式辞を述べるために登壇した。
23 きのこのかさに胞子がつく。
24 法律の条項に該当する。
25 鉱山の坑道内に入る。
26 中部山岳地帯を踏破する。

□ 27 福祉政策の充実を図る。（　　）
□ 28 静かな朝の湖畔を散歩する。（　　）
□ 29 腹をすえて覚悟を決めた。（　　）
□ 30 不作法で野蛮な行為だ。（　　）
□ 31 業者と結託して不正を働くな。（　　）
□ 32 健全な娯楽施設が必要だ。（　　）
□ 33 汗と努力の結晶が実った。（　　）
□ 34 騒動はほぼ鎮圧された。（　　）
□ 35 交通法規を遵守する。（　　）
□ 36 鼓膜が破れるほどの爆音だ。（　　）
□ 37 犯人は覆面をしていた。（　　）
□ 38 会社は隆盛を極めている。（　　）
□ 39 彼は仲間から孤立している。（　　）
□ 40 身を犠牲にして他に尽くす。（　　）

□ 41 古い習慣を墨守*する。（　　）
□ 42 皇帝の地位につく。（　　）
□ 43 古い封建主義は崩れ去った。（　　）
□ 44 来年度から帳簿を新たにする。（　　）
□ 45 内容の変更を了解する。（　　）
□ 46 冗漫な文章で読みづらい。（　　）
□ 47 双方の言い分をよく聞く。（　　）
□ 48 これを契機として親交を深める。（　　）
□ 49 本邦初演のオペラです。（　　）
□ 50 新機軸*を打ち出す時期である。（　　）

ワンポイント

12 殊勝＝立派なところがあり、ほめるに値する様子。
13 老婆心＝不必要なまでに人の事について気をつかい、世話をやくこと。
41 墨守＝昔からのやり方や自説をがんこに守り通すこと。
50 機軸＝（根本的な）やりかた・方式。

漢字力がつく

「貸し切り観光バス」という言葉は、「かしきり」と訓読みする**和語**（日本固有の言葉）、「カンコウ」と音読みする**漢語**、「バス」という**外来語**との交ぜ書きになっている。

5 漢字の読み（音読み）⑤

――熟語の読み方には例外的に、重箱読み（上を音、下を訓）と湯桶《ゆとう》読み（上を訓、下を音）とがある

合格	もう一歩	がんばれ
(50〜35)	(34〜26)	(25〜　)

得点

● 次の――線の読みをひらがなで記せ。

□ 1 建築確認を申請する。（　　）
□ 2 古墳の発掘調査をする。（　　）
□ 3 職務の怠慢は見過ごせない。（　　）
□ 4 大胆な振る舞いをする。（　　）
□ 5 ＊篤志家の寄付を受ける。（　　）
□ 6 母は慈愛に満ちた人だった。（　　）
□ 7 容疑者は拘束された。（　　）
□ 8 ヨットが風を受けて帆走する。（　　）
□ 9 酸素が不足すると窒息する。（　　）
□ 10 晴れて無罪放免となる。（　　）
□ 11 沖で数隻の漁船が操業している。（　　）
□ 12 菊の香や奈良には古き仏たち（　　）
□ 13 昔金塊を埋めたという山です。（　　）

□ 14 現今は飽食の時代といわれる。（　　）
□ 15 つまらない愚問とはねつけた。（　　）
□ 16 公務員のことを官吏ともいう。（　　）
□ 17 大臣が委員会に諮問した。（　　）
□ 18 大草原を馬が疾駆する。（　　）
□ 19 公園に記念碑を建てる。（　　）
□ 20 食料が尽きて餓死寸前の状態だ。（　　）
□ 21 幸運は偶然にやってきた。（　　）
□ 22 予算の膨張を食い止める。（　　）
□ 23 風光絶佳な土地に住む。（　　）
□ 24 夜空にきらめく北斗七星。（　　）
□ 25 寒さのために水道が凍結する。（　　）
□ 26 仏像を鋳造する。（　　）

27 紫紺の優勝旗を勝ち取る。
28 重い刑罰を加える。
29 千円札を百円硬貨に両替した。
30 近所の画廊で個展を催す。
31 平和憲法を擁護する。
32 大名のことを藩主という。
33 販売の促進を図る。
34 老師の話に深い感慨を受けた。
35 やみと光の交錯*を見つめる。
36 神社に農作物を奉納する。
37 往年の大スターも零落*した。
38 二時間歩いたら休憩しよう。
39 彼女のひとみは魅惑的だ。
40 春の人事で課長に昇進した。

41 なだらかな丘陵地帯だ。
42 体が冷えて尿意を催す。
43 ボールが弧を描いて飛ぶ。
44 理解しやすい表現に換言する。
45 東宮御所で侍従を務めていた。
46 愛憎は理屈では割り切れない。
47 胃液を分泌*して消化する。
48 某氏の発言で議場が混乱した。
49 つり橋から峡谷を見下ろした。
50 君の計画は砂上の楼閣だ。

ワンポイント

5 篤志家＝志のあつい人。
35 交錯＝幾つかのものが入り交じって、混乱した状態になること。
37 零落＝おちぶれること。
47 分泌＝腺細胞《せんさいぼう》から生命の維持に必要な特殊な物質をにじみ出させること。

漢字力がつく

二つ以上の音読みのある漢字は、熟語によってそれぞれきまった読み方をする。
（例 有無《うむ》・有数《ゆうすう》／発言《はつげん》・伝言《でんごん》／通行《つうこう》・行脚《あんぎゃ》／平行《へいこう》・平等《びょうどう》／自然《しぜん》・天然《てんねん》／極地《きょくち》・極楽《ごくらく》）

6 漢字の読み（訓読み）①

――漢字の訓は、漢字の意味と、わが国古来の言葉とが関係づけられた読み方

よく出る

合格	(50〜35)
もう一歩	(34〜26)
がんばれ	(25〜　)
得点	

●次の――線の読みをひらがなで記せ。

□ 1 息を凝らして見つめる。（　　）
□ 2 物陰に身を潜める。（　　）
□ 3 島と島とを結ぶ橋を架ける。（　　）
□ 4 真昼をも欺く明るさだ。（　　）
□ 5 ピアノのコンクールを催す。（　　）
□ 6 粘り強く説得する。（　　）
□ 7 幼いころをなつかしく顧みる。（　　）
□ 8 祝宴に華やいだ衣装で出席した。（　　）
□ 9 生徒から慕われている先生だ。（　　）
□ 10 今年の夏は殊に暑かった。（　　）
□ 11 いつも穏やかな微笑をたたえる。（　　）
□ 12 その場を繕って立ち去る。（　　）
□ 13 議長は退席を促した。（　　）

□ 14 遭難現場に直ちに赴く。（　　）
□ 15 資源が乏しいので、輸入に頼る。（　　）
□ 16 寒さが次第に緩んできた。（　　）
□ 17 人材を埋もれさせるのは惜しい。（　　）
□ 18 庭の植木に肥料を施す。（　　）
□ 19 要点を漏れなく書きとめる。（　　）
□ 20 病気で気力が衰えてきた。（　　）
□ 21 猛吹雪に遭って道に迷った。（　　）
□ 22 参加者を募ってキャンプに行く。（　　）
□ 23 陰謀を企てたが、失敗に終わった。（　　）
□ 24 妹を伴って遊園地に行った。（　　）
□ 25 工事の騒音に眠りを妨げられた。（　　）
□ 26 言動を慎むように注意した。（　　）

□ 27 選手を励まして応援する。

□ 28 気持ちを引き締めて出直す。

□ 29 二人の意見には隔たりがある。

□ 30 救いの手を差し伸べる。

□ 31 あまりの見事さに心を奪われた。

□ 32 住む家もないとは哀れだ。

□ 33 目が潤んで前がよく見えない。

□ 34 トロフィーを高々と掲げた。

□ 35 木を削って人形を作る。

□ 36 暗闇を裂いて稲妻が走った。

□ 37 音楽を聴いて気を紛らす。

□ 38 山道で車に酔ってしまった。

□ 39 カラスは賢い鳥だといわれる。

□ 40 滑らかな口調でしゃべる。

□ 41 友達と誘いあって映画に行く。

□ 42 販売の業務に携わっている。

□ 43 式典は滞りなく終了した。

□ 44 気の毒で慰めの言葉もない。

□ 45 目的を遂げるまでがんばる。

□ 46 魚が焦げて真っ黒になった。

□ 47 物価の上昇を抑える政策が必要だ。

□ 48 仕事が粗いと仕上がりも悪い。

□ 49 自然災害を招く憂いがある。

□ 50 河原で手作りのたこを揚げる。

ワンポイント

●二つ以上の訓読みがある漢字 (1)

① 開《あ》ける・開《ひら》く
② 集《あつ》める・集《つど》う
③ 過《あやま》ち・過《す》ぎる
④ 著《あらわ》す・著《いちじる》しい
⑤ 生《い》きる・生《は》える・生《う》まれる
⑥ 下《さ》がる・下《お》ろす・下《くだ》る
⑦ 映《うつ》す・映《は》える
⑧ 覚《おぼ》える・覚《さ》ます
⑨ 怠《おこた》る・怠《なま》ける
⑩ 優《すぐ》れる・優《やさ》しい

漢字力がつく

訓読みの漢字は動詞に最も多くみられるが、そのほかに、一字で名詞となるもの（例 魚《さかな》）・状態を表す形容詞（例 美《うつく》しい）・形容動詞（例 静《しず》かだ）などにもみられる。

7 漢字の読み（訓読み）②

――送りがなのつく漢字、特に語幹の音節数の多い漢字の訓読みに注意（例 志《こころざ》す・催《もよお》すなど）

よく出る

合格	（50〜35）
もう一歩	（34〜26）
がんばれ	（25〜　）

得点

● 次の――線の読みをひらがなで記せ。

1 スポーツで鍛え上げた体だ。（　　）
2 言葉巧みに追及をかわした。（　　）
3 地下に潜って身を隠す。（　　）
4 古い鋳物製の火鉢が出てきた。（　　）
5 友人の説得で決心が揺らいだ。（　　）
6 山で修行して悟りを開く。（　　）
7 山々は一面雪に覆われた。（　　）
8 町の中央を川が貫いて流れる。（　　）
9 一寸の虫にも五分の魂（　　）
10 仕立て卸しの洋服を着る。（　　）
11 ピストルを突き付けて脅す。（　　）
12 学生のアルバイトを雇う。（　　）
13 二人で掛かれば石も動く。（　　）
14 友の忠告を肝にめいじる。（　　）
15 善悪の区別もつかぬ愚か者だ。（　　）
16 夕刻を告げる鐘の音が響く。（　　）
17 やぎの乳を搾って飲む。（　　）
18 肉屋で豚肉の塊を買う。（　　）
19 運動会で綱引き競技に出た。（　　）
20 姉は六月に嫁ぐことになった。（　　）
21 まいた種がやっと双葉を出した。（　　）
22 努力が報いられず悔しい。（　　）
23 過ぎ行く春を惜しむ。（　　）
24 谷川の浅瀬に足を浸す。（　　）
25 沖に白い帆が見える。（　　）
26 稲の穂が風に揺れている。（　　）

□ 27 急がず慌てず、慎重に行動する。

□ 28 同じ話ばかりで聞き飽きた。

□ 29 苗代に水を引く。

□ 30 滝に打たれて修行をする。

□ 31 外壁を塗り直す。

□ 32 桑の実を食べたことがある。

□ 33 甘辛く煮つめて保存する。

□ 34 人には「なくて七癖」という。

□ 35 台風に対する注意を怠らない。

□ 36 机の前に正座して墨をする。

□ 37 古い石垣が崩れかけている。

□ 38 少女は希望に胸を膨らませた。

□ 39 手が凍えて動かない。

□ 40 幻の名作といわれる映画だ。

□ 41 室内に菊の香が漂っている。

□ 42 いくら憎んでも、暴力はだめだ。

□ 43 又聞きの話で当てにならない。

□ 44 波間を縫って船が進む。

□ 45 車内では老人に席を譲る。

□ 46 身を伏せて難を逃れた。

□ 47 岩石を彫って作られた石仏だ。

□ 48 悪を滅ぼす正義の味方。

□ 49 裸一貫からたたき上げる。

□ 50 バナナを一房買ってきた。

ワンポイント

● 二つ以上の訓読みがある漢字 (2)

① 厳《おごそ》か・厳《きび》しい
② 訪《おとず》れる・訪《たず》ねる
③ 省《はぶ》く・省《かえり》みる
④ 冷《さ》める・冷《ひ》やす・冷《つめ》たい
⑤ 交《か》わす・交《ま》じる
⑥ 裁《さば》く・裁《た》つ
⑦ 染《し》みる・染《そ》める
⑧ 汚《きたな》い・汚《よご》れた
⑨ 跳《と》ぶ・跳《は》ねる
⑩ 速《すみ》やか・速《はや》い

漢字力がつく

訓読みが二つ以上ある漢字の読み方は、文脈で判断することが大事だが、**送りがな**も読み方の手がかりになる。

(例 割《わ》る・割《さ》く／逃《のが》す・逃《に》がす)

8 漢字の読み（訓読み）③

——熟字訓は、熟語全体で特別な訓読みをするもの
（例 乙女《おとめ》・五月雨《さみだれ》・竹刀《しない》・小豆《あずき》）

合格	(50〜35)
もう一歩	(34〜26)
がんばれ	(25〜)
得点	

● 次の——線の読みをひらがなで記せ。

□ 1 土木工事を請け負った。（　　）
□ 2 新聞をひもで縛って回収に出す。（　　）
□ 3 人の恨みは恐ろしい。（　　）
□ 4 よい日和なので散歩に出かけた。（　　）
□ 5 人を殴ってはいけません。（　　）
□ 6 地方の特産物を手広く商う。（　　）
□ 7 おいしい炊き込み御飯だ。（　　）
□ 8 人間の想像を超えた世界がある。（　　）
□ 9 白く輝く雪山の景色をながめる。（　　）
□ 10 不良品を新品と取り換える。（　　）
□ 11 今日は庭の芝生を刈った。（　　）
□ 12 雲行きが怪しい。（　　）
□ 13 汗で湿ったシャツを乾かす。（　　）

□ 14 クラシック音楽を静かに聴く。（　　）
□ 15 為替相場は下がり気味だ。（　　）
□ 16 かわいらしい子豚が産まれた。（　　）
□ 17 さびた包丁を研いでもらう。（　　）
□ 18 憩いのひとときが欲しい。（　　）
□ 19 故あって理由は話せません。（　　）
□ 20 庭で鶏を放し飼いにする。（　　）
□ 21 両手に重い荷物を提げている。（　　）
□ 22 鉄はアルミより硬い。（　　）
□ 23 気分が浮ついて失敗した。（　　）
□ 24 昨夜から冷え込んで時雨模様だ。（　　）
□ 25 写真はきれいに撮れている。（　　）
□ 26 規約の改正を総会に諮る。（　　）

27 雪崩注意報が出ている。

28 座敷をほうきで掃く。

29 小包をひもで結わえる。

30 鯨の捕獲は禁じられている。

31 仕事は速やかに処理しよう。

32 ズボンのすそが擦り切れる。

33 祝いの言葉を「寿」という。

34 研究成果を書物に著した。

35 子供たちは健やかに成長した。

36 ろうそくの炎が揺れている。

37 国民は法の下にみな平等だ。

38 幸せそうな花婿の表情だ。

39 天にも昇るような心地だ。

40 昨年の夏は谷川岳に登った。

41 列車は程なく東京駅に着く。

42 刀は侍の魂といわれた。

43 可愛らしくてお姫様のようだ。

44 袋小路に入り込んでしまった。

45 いもは蒸すより焼くのが好きだ。

46 勝敗の行方を占う。

47 王の冠は宝石で飾られている。

48 主君の敵を討った。

49 常に控えめに行動する。

50 災い転じて福となす

ワンポイント

●常用漢字表の特別な訓の用語例

雨戸《あまど》・何本《なんぼん》・胸毛《むなげ》・金物《かなもの》・群《むら》がる・黄金《こがね》・手綱《たづな》・酒場《さかば》・舟歌《ふなうた》

上着《うわぎ》・神主《かんぬし》・声色《こわいろ》・天下《あまくだ》り・稲作《いなさく》・白壁《しらかべ》・彼女《かのじょ》・苗代《なわしろ》・問屋《とんや》

棟木《むなぎ》・火影《ほかげ》・大豆《だいず》・絵馬《えま》・風上《かざかみ》・木立《こだち》・目深《まぶか》・六日《むいか》・七日《なのか》・八日《ようか》

漢字力がつく

国語の教科書の付録などに常用漢字表「付表」がある。これが特別な読み方をする「熟字訓」である。二字以上の漢字による熟字や、いわゆる当て字のうち、慣用されているもの一一〇語が挙げられている。

9 漢字の読み（漢字識別）①

——同じ漢字を用いた熟語をまとめて覚えておこう

合格	もう一歩	がんばれ	得点
(40〜28)	(27〜21)	(20〜　)	

● 次の1〜5の三つの□に共通する漢字を入れて熟語を作れ。漢字は下のア〜コから選び、記号を（　）の中に記せ。

(1)

1 □致・□導・□惑（　）
2 高□・発□・浮□（　）
3 □願・□惜・□歓（　）
4 発□・□母・□素（　）
5 悲□・□感・沈□（　）

ア 酵　イ 圧　ウ 痛　エ 哀　オ 愛　カ 奮　キ 誘　ク 揚　ケ 嘆　コ 招

(2)

1 □走・□柱・出□（　）
2 □進・□起・飛□（　）
3 王□・□水・無□（　）
4 □却・埋□・沈□（　）
5 □造・創□・□築（　）

ア 脱　イ 構　ウ 帆　エ 突　オ 躍　カ 冠　キ 族　ク 退　ケ 建　コ 没

(3)

1 □範・□様・□写（　）
2 □中・合□・車□（　）
3 □減・□除・掘□（　）
4 漂□・宿□・淡□（　）
5 □択・□算・伐□（　）

ア 模　イ 採　ウ 選　エ 忌　オ 泊　カ 流　キ 掌　ク 削　ケ 加　コ 規

(4)

1 □望・□目・□託（　）
2 果□・□闘・勇□（　）
3 断□・根□・□妙（　）
4 □色・豊□・□沢（　）
5 付□・接□・□郊（　）

ア 固　イ 実　ウ 潤　エ 着　オ 熱　カ 嘱　キ 絶　ク 脚　ケ 敢　コ 近

(5)

1 □感・□重・愚□　（　）
2 汚□・□料・□色　（　）
3 同□・□建・□印　（　）
4 □示・□揚・前□　（　）
5 傍□・盗□・□衆　（　）

ア 敏　イ 濁
ウ 聴　エ 封
オ 啓　カ 観
キ 鈍　ク 染
ケ 胞　コ 掲

(6)

1 □上・□説・食□　（　）
2 常□・□跡・広□　（　）
3 理□・遺□・間一□　（　）
4 □承・完□・未□　（　）
5 雌□・平□・□線　（　）

ア 継　イ 軌
ウ 伏　エ 風
オ 識　カ 了
キ 髪　ク 雄
ケ 卓　コ 発

(7)

1 □願・要□・□求　（　）
2 平□・□健・□当　（　）
3 □問・容□・□惑　（　）
4 書□・□空・□橋　（　）
5 冷□・工□・乳□　（　）

ア 房　イ 籍
ウ 穏　エ 疑
オ 喚　カ 請
キ 架　ク 淡
ケ 凡　コ 念

(8)

1 精□・商□・□胆　（　）
2 興□・□起・□盛　（　）
3 □頭・闘□・□舎　（　）
4 □問・□客・愛□　（　）
5 応□・□金・公□　（　）

ア 奮　イ 募
ウ 陣　エ 選
オ 隆　カ 顧
キ 鶏　ク 対
ケ 諮　コ 魂

漢字力がつく

共通する漢字を選ぶ問題では、選択肢《せんたくし》の中に、三つの熟語のうち、一つあるいは二つにあてはまる紛らわしいものが必ず含まれている。

10 漢字の読み（漢字識別）②

——一つの結びつきだけでは即断しないこと

合格	もう一歩	がんばれ
(40〜28)	(27〜21)	(20〜　)

得点

●次の1〜5の三つの□に共通する漢字を入れて熟語を作れ。漢字は下のア〜コから選び、記号を（　）の中に記せ。

(1)

1 □型・□物・□造（　）
2 □納・□仕・□公（　）
3 開□・主□・□眠術（　）
4 □別・□春・愛□（　）
5 要□・□紀・□目（　）

ア 請　イ 送　ウ 惜　エ 通　オ 奉
カ 鋳　キ 典　ク 収　ケ 催　コ 綱

(2)

1 □結・□縮・□固（　）
2 □蔵・□葬・□没（　）
3 追□・□情・思□（　）
4 □除・□他・□出（　）
5 転□・反□・□水（　）

ア 憶　イ 凝　ウ 埋　エ 解　オ 団
カ 貯　キ 排　ク 慕　ケ 覆　コ 送

(3)

1 □長・□縮・屈□（　）
2 委□・信□・結□（　）
3 沈□・執□・□服（　）
4 □売・□価・破□恥（　）
5 実□・□行・□設（　）

ア 施　イ 廉　ウ 着　エ 拡　オ 販
カ 細　キ 託　ク 伸　ケ 現　コ 没

(4)

1 □乱・□誤・交□（　）
2 □声・□起・叫□（　）
3 自□・雑□・□事（　）
4 連□・□人・□楽（　）
5 □覧・校□・検□（　）

ア 費　イ 錯　ウ 閲　エ 便　オ 歓
カ 混　キ 邦　ク 絡　ケ 炊　コ 喚

(5)

1 □争・内□・□失　（　　）

2 極□・処□・□罰　（　　）

3 □象・□出・□選　（　　）

4 □服・相□・□明　（　　）

5 □査・不□・□美眼　（　　）

ア 端	ウ 紛	オ 刑	キ 審	ケ 征
イ 現	エ 克	カ 抗	ク 抽	コ 調

(6)

1 □気・変□・□算　（　　）

2 □難・□苦・□惑　（　　）

3 □落・□壊・雪□　（　　）

4 危□・□実・□学　（　　）

5 □記・名□・原□　（　　）

ア 篤	ウ 蒸	オ 険	キ 崩	ケ 困
イ 墜	エ 筆	カ 換	ク 災	コ 簿

(7)

1 □急・□慢・□衝　（　　）

2 □像・□数・□発　（　　）

3 濫□・討□・殺□　（　　）

4 □進・□成・□音　（　　）

5 □眼・□馬・赤□々　（　　）

ア 裸	ウ 獲	オ 緩	キ 虚	ケ 偶
イ 躍	エ 至	カ 伐	ク 促	コ 白

(8)

1 □示・□発・拝□　（　　）

2 □走・□風・悪□　（　　）

3 □闘・□角・餓□　（　　）

4 気□・□暑・□上　（　　）

5 □行・野□・□勇　（　　）

ア 告	ウ 蛮	オ 死	キ 概	ケ 啓
イ 炎	エ 乱	カ 横	ク 疾	コ 暴

漢字力がつく

この問題では、主に漢字の音読みに基づいた熟語力が問われる。二字熟語が多いが、三字熟語にあてはめる場合もある。また、音読みだけでなく、熟字訓などの場合もあるので注意する。

11 漢字の読み（漢字識別）③

――まぎらわしい選択肢《せんたくし》に注意しよう

合格	もう一歩	がんばれ
(40～28)	(27～21)	(20～　)

得点

● 次の1～5の三つの□に共通する漢字を入れて熟語を作れ。漢字は下のア～コから選び、記号を（　）の中に記せ。

(1)

1 □護・□助・応□（　）
2 □入・□伏・□航（　）
3 □職・放□・□税（　）
4 解□・□傷・冷□（　）
5 □年・遠□・□絶（　）

ア 弁　イ 越　ウ 隔　エ 援　オ 凍　カ 就　キ 免　ク 潜　ケ 介　コ 任

(2)

1 激□・奮□・精□（　）
2 □取・略□・与□（　）
3 □口・港□・□曲（　）
4 □算・□念・□要（　）
5 □任・□格・□進（　）

ア 利　イ 昇　ウ 概　エ 責　オ 励　カ 奪　キ 摂　ク 闘　ケ 湾　コ 誤

(3)

1 □弱・□礼・空□（　）
2 □点・占□・本□地（　）
3 追□・□時・□想（　）
4 □確・端□・標□（　）
5 □嘆・□然・感□（　）

ア 薄　イ 及　ウ 虚　エ 概　オ 的　カ 接　キ 驚　ク 拠　ケ 随　コ 正

(4)

1 □芸・□土・□磁器（　）
2 □号・音□・切□（　）
3 誘□・魅□・幻□（　）
4 □漫・離□・□策（　）
5 冷□・□配・湿□（　）

ア 散　イ 導　ウ 害　エ 符　オ 惑　カ 陶　キ 演　ク 信　ケ 気　コ 冗

(5)

1 放□・□費・□人（　）
2 巡□・□界・環□（　）
3 遭□・待□・処□（　）
4 先□・□理・□学者（　）
5 円□・□車・□降（　）

ア 滑　イ 流　ウ 祖　エ 難　オ 業　カ 視　キ 哲　ク 満　ケ 浪　コ 遇

(6)

1 実□・□勢・事□（　）
2 必□・□行・連□（　）
3 □列・□情・□腐（　）
4 常□・□留・□在（　）
5 分□・□与・□歩（　）

ア 裂　イ 駐　ウ 譲　エ 満　オ 配　カ 態　キ 携　ク 勝　ケ 況　コ 陳

(7)

1 重□・□火・□魂（　）
2 嘱□・□楼・野□（　）
3 □迫・□縮・□急（　）
4 □直・強□・□質（　）
5 □却・投□・□権（　）

ア 望　イ 鉛　ウ 脅　エ 緊　オ 硬　カ 託　キ 棄　ク 鎮　ケ 量　コ 退

(8)

1 除□・戸□・書□（　）
2 □力・□物・奇□（　）
3 沈□・延□・□貨（　）
4 □圧・猛□・□厳（　）
5 車□・中□・□足（　）

ア 幕　イ 弾　ウ 潜　エ 軸　オ 怪　カ 威　キ 迫　ク 道　ケ 滞　コ 籍

漢字力がつく

三つの□に共通する漢字を探すときは、まず一つ目の□にあてはまる漢字を探し、それをほかにも入れて、意味の通じる熟語になるかを考えるとよい。

12 書き取り（誤字訂正）①

――同音・同訓異字に注意して、文の意味を読み取ろう

合格	もう一歩	がんばれ	得点
(40〜28)	(27〜21)	(20〜)	

● 次の各文には使い方のまちがった同音・同訓の漢字が一字ずつある。上の〔 〕に誤字を抜き出し、下の（ ）に正しい漢字を記せ。

□ 1 責任ある立場の者は、状況を即座に伴断しなければならない。〔 〕（ ）

□ 2 荒れ果てた里山の再生に向けて、企業参加の森づくりの構想が脚行を浴びている。〔 〕（ ）

□ 3 都市交通網の発達により、近年通勤の距離が伸びる傾向にある。〔 〕（ ）

□ 4 谷間の清流に添って登ると、原生林の茂みが緑濃い日陰を作っていた。〔 〕（ ）

□ 5 目標通り計画を実現するため、綿密な計画と周到な巡備が必要だ。〔 〕（ ）

□ 6 一度ついた悪い習慣や癖をなおすのは、容違なことではない。〔 〕（ ）

□ 7 数寄屋造りは、飾り気がなく奥ゆかしい情趣をもった鮮練された建築様式だ。〔 〕（ ）

□ 8 国際芸術祭は、世界的な音楽家による魅力に満ちた演操で開幕した。〔 〕（ ）

□ 9 探検家は、北極を単独で縦断するという偉行を見事に成し遂げた。〔 〕（ ）

□ 10 勝利の原因は不断の練習方法の工風と、練習試合による実戦力の強化である。〔 〕（ ）

□ 11 決勝戦では声大な応援の中で好機を生かし、底力を発揮した。〔 〕（ ）

□ 12 柔道で対戦相手を有利な体制に組み止め、大きく上手投げを打って強敵を倒した。〔 〕（ ）

□ 13 あらゆる手段を尽くしたが成功せず、途労に終わるほど無念なことはない。〔 〕（ ）

□ 14 話し合いは難行したが、議長の修正案に異論を唱えるものはなかった。〔 〕（ ）

□ 15 綿密な点検と調制を経て安全が確認されるまで、原子炉の運転を停止する。〔 〕（ ）

□ 16 風情ある境内の静かな池の面に、白壁と朱塗り柱の正殿が写っている。〔 〕（ ）

□ 17 借用した参考書は、多様な用例を上げて詳細に説明しているので役に立つ。〔 〕（ ）

□ 18 近々に海外の支社への赴認が決まり、必要に迫られて語学教室に通い始めた。〔 〕（ ）

□ 19 討論会場の後仕末を済ませてから、慰労会の用意に取り掛かった。〔 〕（ ）

□ 20 加工食品は、正味期限の表示によって風味の保証をしている。〔 〕（ ）

□ 21 幹部の地位を利用した排任行為があったとして、検察当局は事情聴取に入った。（　）（　）

□ 22 新しい仕事に付いたが、以前と勝手が違い想像以上に能率が上がらない。（　）（　）

□ 23 不時の災害に供えるため、医療品や非常食を保有するよう呼びかける。（　）（　）

□ 24 適度な休養をとらないと、疲労が蓄積し、日常生活にも刺しさわりがある。（　）（　）

□ 25 通勤電車は、満員の乗客を積め込んで始発駅を定時に発車した。（　）（　）

□ 26 金銭の授受について事実を追及されたが、黙否権を行使した。（　）（　）

□ 27 脳の外側にある大脳皮質は、認知や言語などの複雑な機能を分端している。（　）（　）

□ 28 農山村の人口流出や高齢化が、現代の日本で辛刻な問題になっている。（　）（　）

□ 29 国連は、世界の平和と安全の維持、諸国間の友幸と協力を目的とした組織だ。（　）（　）

□ 30 茶道のわび・さびは、室町期の上総階級の人々の美意識から生まれた。（　）（　）

□ 31 見通しの悪い交鎖点では一時停止をし、左右の安全を確認して進行する。（　）（　）

□ 32 明治政府は近代化を吹進するため、西洋文明を積極的にとり入れた。（　）（　）

□ 33 こう着状体が続く事件の決着には、大統領の政治生命をかけた決断が迫られる。（　）（　）

□ 34 休暇をとり、各地の名勝を暦訪する観光旅行を計画している。（　）（　）

□ 35 消防法の改正で、新築の一般住宅にも火災警報器の設致が義務づけられた。（　）（　）

□ 36 法案の成立には過半数の賛成が必要だが、現在は余断を許さない状況だ。（　）（　）

□ 37 最寄りの駅から徒歩五分という至極便利な商店街の隣に、事務所を異転した。（　）（　）

□ 38 時代の跳流に乗って、会社は創業以来極めて順調に発展を続けた。（　）（　）

□ 39 担当の医師は、新しい治療法や特巧薬について具体的に詳しく説明をしてくれた。（　）（　）

□ 40 地下鉄の新型車両は四両編制で、停車駅の表示と所要時間が明示されている。（　）（　）

ワンポイント

同音・同訓異字に着目して、その漢字のもつ意味をつかみ、**前後の言葉との関連**で意味の通る文になるかどうかを検討する。

例 一方通行で侵入禁止の道路標識がある。 ×侵入 ○進入

漢字力がつく

設問は、約二〇～三〇字の短文の中から、誤字を探し出す形式になっている。誤字は一字だけで、音読みの熟語の一字に、間違った漢字が使われているものが多い。

13 書き取り（誤字訂正）②

――同音異字だけでなく、同音異義語の使い分けにも注意しよう

合格	もう一歩	がんばれ
(40～28)	(27～21)	(20～)

得点

● 次の各文には使い方のまちがった同音・同訓の漢字が一字ずつある。上の（　）に誤字を抜き出し、下の（　）に正しい漢字を記せ。

□ 1 それぞれの立場や考え方の違いを用認して、相互に協力し合う態度が大切である。（　）（　）

□ 2 火星の表面に無事着陸した探鎖機は活動を開始し、周辺の映像を送信してきた。（　）（　）

□ 3 話し合いなどで、全体の意向に逆らって違論を唱えるのは非常に勇気がいる。（　）（　）

□ 4 選手たちの一糸乱れぬ鮮やかな演技に、満員の観集は盛んな声援を送った。（　）（　）

□ 5 冬の山岳地帯を歩くときには、万全の操備で安全を確保したい。（　）（　）

□ 6 柔道部員たちは一日の練習が済んだあと、丹念に道場の掃事をして下校した。（　）（　）

□ 7 二酸化炭素を排出しない原子力発電は、地球温段化防止に役立っている。（　）（　）

□ 8 国費の補助を受けて、被災地の大規模な復救工事が来月から開始される。（　）（　）

□ 9 旅行で数日家を開けますので、留守中は隣に連絡をお願いしてあります。（　）（　）

□ 10 形勢不利の状況にも屈せず、慢身の力を振りしぼって逆襲に転じた。（　）（　）

□ 11 動物園で生まれた子馬はまだ無名なので、来放者に名付け親を依頼した。（　）（　）

□ 12 早朝の濃霧の中を、流氷の海に漁群を追って船団が出港する。（　）（　）

□ 13 どんな困難な状態にあっても、理想を追及する姿勢は崩さなかった。（　）（　）

□ 14 駐車場に自家用車を預けてから、徒歩で湖畔を散作した。（　）（　）

□ 15 控え目な態度で議論に耳を傾けていたが、勇気を震って質問をした。（　）（　）

□ 16 販売実績の向上を目指し、他社との業務締携を図ることにした。（　）（　）

□ 17 乱獲で水産資元のマグロが急減し、漁獲量の国際規制が始まった。（　）（　）

□ 18 火災報知器は速やかな避難を促して、犠牲者を最小限に食い止める効価がある。（　）（　）

□ 19 最近では、ＯＡ機器の導入やパートタイマーの増加で労動の効率化は進んでいる。（　）（　）

□ 20 食中毒が発生したので、緊急の会議を開いて事態に対所することにした。（　）（　）

□ 21 警視庁は、凶悪犯罪の増加に歯止めをかけるために件挙率を上げるよう指示を出した。（　）（　）

□ 22 海難事故を未然に防止するために、無理な漁船の総業を控えるよう呼びかける。（　）（　）

□ 23 今回の欧州一周の旅は研習が目的で、娯楽や観光の気分は皆無だった。（　）（　）

□ 24 雇用の厳しい情況の下では、中高年が仕事に就くのは簡短ではない。（　）（　）

□ 25 長年にわたる選手育成の功績と協会への機与により、感謝状を受けた。（　）（　）

□ 26 演技力を俵価された舞台俳優は、受賞を契機に一躍脚光を浴びた。（　）（　）

□ 27 抜本的な機構改拡により、二期連続で増収・増益を達成した。（　）（　）

□ 28 多年にわたり競合してきた二大企業が、経営統合に踏み切るという報導があった。（　）（　）

□ 29 祭りの御こしをかついだ決気盛んな若者たちが、威勢よく神社を出発した。（　）（　）

□ 30 魅力的なイベント情報を万載した、若者向けの雑誌が続々と刊行される。（　）（　）

□ 31 皿いっぱいに大漏りにした自慢の郷土料理は、宿泊客に喜ばれた。（　）（　）

□ 32 市販の企格化された製品より、作り手の個性がよく出ている品物に愛着を感じる。（　）（　）

□ 33 移動性の高気圧に覆われて、太平洋側は前般的に行楽日和となるだろう。（　）（　）

□ 34 念のため控えを取って、必要書類を最寄りの区役所に訂出した。（　）（　）

□ 35 四季の変化が規則正しいわが国では、それに往じて勤勉に働く習慣がある。（　）（　）

□ 36 みそはコレステロールを制御し、老化防止に効力を発気するといわれる。（　）（　）

□ 37 現代人の健康志向を配景に、緑茶飲料の需要が伸びている。（　）（　）

□ 38 新春大売出しの福引で一等章が当たって、自転車を受け取った。（　）（　）

□ 39 明治政府は近代化政策を勧めるため、西洋文明を積極的にとり入れた。（　）（　）

□ 40 選挙管理委員会は有権者に投標を呼びかけ、棄権防止の広報活動をしている。（　）（　）

ワンポイント

同音・同訓の誤字を見分けるには、短文の意味を考えるのが第一である。そうすれば、内容に合わない漢字は自然に識別できるはず。同訓の場合は、熟語から類推できる。例えば、「おさめる」は「納付」「改修」「治安」「領収」などの熟語でイメージする。

漢字力がつく

誤字訂正に使われる短文は、漢字や熟語が多い文、つまり論理的な硬い内容の文である。これに慣れるために利用したいのが新聞である。

14 書き取り（同音・同訓異字）①

――まず文の意味を正確に理解しよう

合格	(39〜27)
もう一歩	(26〜20)
がんばれ	(19〜　)

得点

● 次の――線のカタカナにあてはまる漢字を、それぞれのア〜オから選び、記号を（　）の中に記せ。

1 選外カ作に選ばれた。（　）
2 図書室の書カが満杯だ。（　）
3 カ麗な舞台に魅了された。（　）
（ア 花　イ 加　ウ 佳　エ 華　オ 架）

4 案内板の液ショウ表示を見る。（　）
5 父はショウ進して部長になった。（　）
6 権力をショウ中に収める。（　）
（ア 掌　イ 昇　ウ 承　エ 晶　オ 匠）

7 任務を最後まで完スイする。（　）
8 純スイで誠実な青年だ。（　）
9 母はスイ事・洗たくと忙しい。（　）
（ア 衰　イ 粋　ウ 炊　エ 酔　オ 遂）

10 ごホウ情に感謝いたします。（　）
11 名人の芸を模ホウする。（　）
12 外国製品をホウ貨に換算する。（　）
（ア 邦　イ 奉　ウ 芳　エ 胞　オ 倣）

13 人生のキ路に立たされる。（　）
14 新しく展示会をキ画する。（　）
15 母の三周キの法要を営む。（　）
（ア 岐　イ 忌　ウ 軌　エ 既　オ 企）

16 ベンチに腰をカける。（　）
17 全力疾走でカけ抜けた。（　）
18 メンバーが一人カける。（　）
（ア 掛　イ 欠　ウ 駆　エ 換　オ 架）

19 首長選挙に文化人をヨウ立する。
20 公民館で民ヨウ大会を開く。
21 大いに国威を宣ヨウする。
（ア 謡 イ 揚 ウ 揺 エ 溶 オ 擁）

22 望遠レンズのショウ点を合わせる。
23 寺の晩ショウの音が響く。
24 車のショウ突事故が起きた。
（ア 焦 イ 障 ウ 衝 エ 鐘 オ 紹）

25 彼は身柄をコウ束された。
26 大罪によりコウ首刑になった。
27 相手はコウ妙な手口を考え出した。
（ア 巧 イ 拘 ウ 絞 エ 郊 オ 孔）

28 問題集を改テイして新版を出す。
29 外国と通商条約をテイ結する。
30 テイ裁はよいが、中身はよくない。
（ア 締 イ 訂 ウ 抵 エ 体 オ 帝）

31 レイ前に花を供える。
32 早寝早起きをレイ行しよう。
33 樹レイ五百年を数える老木だ。
（ア 齢 イ 零 ウ 霊 エ 隷 オ 励）

34 山菜を二、三種入れてタき込んだ。
35 ドレスの生地をタつ。
36 健康のため、たばこをタった。
（ア 断 イ 絶 ウ 炊 エ 裁 オ 足）

37 包丁をトいで切れ味を試す。
38 長年の念願をトげた。
39 口をトざして我慢している。
（ア 解 イ 遂 ウ 溶 エ 閉 オ 研）

ワンポイント

音読みが同じで、意味の異なる熟語を**同音異義語**という。次の二つの種類に分けられる。
① 字は異なるが音読みが同じもの　例 イゼン（以前・依然）
② 共通の一字を含むもの　例 イガイ（意外・以外）

漢字力がつく 書き取り問題はすべて**同音異義語・同訓異字**であると考え、必ず前後の文脈をよく読み取る。

15 書き取り（同音・同訓異字）②

――部首や熟語の知識があいまいだと、同音類字を間違えやすいので注意

合格 (39〜27)	もう一歩 (26〜20)	がんばれ (19〜)	得点

● 次の――線のカタカナにあてはまる漢字を、それぞれのア〜オから選び、記号を（ ）の中に記せ。

1 **タン**精込めて育てた菊を出品する。（ ）
2 美しい景色に**タン**声を漏らす。（ ）
3 失望落**タン**して吐息をつく。（ ）
（ア 丹　イ 嘆　ウ 鍛　エ 淡　オ 胆）

4 作文コンクールに応**ボ**する。（ ）
5 会計の帳**ボ**を預かっている。（ ）
6 故人を追**ボ**する伝記が刊行された。（ ）
（ア 慕　イ 模　ウ 募　エ 墓　オ 簿）

7 何事も辛抱が**カン**心です。（ ）
8 社会人としての自覚を**カン**起する。（ ）
9 窓を開けて**カン**気しよう。（ ）
（ア 乾　イ 肝　ウ 敢　エ 換　オ 喚）

10 狂気の王は古城に**ユウ**閉された。（ ）
11 いかなる**ユウ**惑にも負けない。（ ）
12 表情に**ユウ**色が濃く現れる。（ ）
（ア 雄　イ 誘　ウ 遊　エ 幽　オ 憂）

13 両者の話はぴったり**フ**合した。（ ）
14 新しい計画が**フ**上した。（ ）
15 落雷の恐**フ**におののく。（ ）
（ア 赴　イ 符　ウ 普　エ 浮　オ 怖）

16 スピーチを短く**シ**めくくる。（ ）
17 いつも上位の成績を**シ**めている。（ ）
18 参加を**シ**いられて困っている。（ ）
（ア 占　イ 締　ウ 強　エ 閉　オ 絞）

19 適切なソ置がとられた。
20 基ソ的なことから学習する。
21 食べ物をソ末にしないでください。
（ア粗　イ訴　ウ素　エ礎　オ措）

22 政府は審議会にシ問した。
23 公共の福シに努める。
24 集会の趣シを説明した。
（ア施　イ旨　ウ刺　エ祉　オ諮）

25 古来の伝説をケイ承していく。
26 先生にケイ発されて学問に志した。
27 雑誌にケイ載された小説だ。
（ア掲　イ恵　ウ憩　エ継　オ啓）

28 飲みやすいジョウ剤の薬だ。
29 赤字解消のため、ジョウ費をけずる。
30 互いにジョウ歩して合意に達した。
（ア冗　イ嬢　ウ譲　エ丈　オ錠）

31 事実がかなりコ張されている。
32 後コの憂いのないようにする。
33 世俗を離れ、コ高の精神を保つ。
（ア顧　イ孤　ウ弧　エ誇　オ雇）

34 合唱団の指揮をトる。
35 孫の成長をビデオにトる。
36 今年は新入社員を五名トる。
（ア採　イ撮　ウ執　エ捕　オ遂）

37 成功をオサめることができた。
38 将来医学をオサめるつもりです。
39 注文の品をオサめる。
（ア納　イ治　ウ抑　エ収　オ修）

ワンポイント

●同音類字

例
セキ―責（責任）・積（体積）・績（成績）
ソク―則（規則）・側（側面）・測（測量）
コウ―構（構成）・講（講義）・購（購入）

漢字力がつく

音が同じであるだけでなく、字形もよく似ている「**同音類字**」には注意する。**部首**に着目して漢字のもつ意味を考えたり、その漢字を使った**熟語**を思い浮かべたりすれば、正しい漢字を導くことができる。

16 書き取り（同音・同訓異字）③

――文の意味にあてはまる語を導き出す

合格	もう一歩	がんばれ
(39～27)	(26～20)	(19～　)

得点

●次の――線のカタカナにあてはまる漢字を、それぞれのア～オから選び、記号を（　）の中に記せ。

1 森林伐サイによる自然破壊が心配だ。（　）
2 多サイな顔触れがそろった。（　）
3 多額の負サイを抱えて倒産した。（　）
（ア採　イ載　ウ債　エ催　オ彩）

4 イ儀を正して式典に臨む。（　）
5 休みを無イに過ごしたくない。（　）
6 引退を表明したがイ留された。（　）
（ア慰　イ為　ウ依　エ威　オ維）

7 父の遺産をモト手に商売を始めた。（　）
8 事実にモトづいた小説だ。（　）
9 庭にひとモトの梅の木がある。（　）
（ア本　イ基　ウ求　エ元　オ下）

10 幼少よりハン校で漢籍を習う。（　）
11 特使の通訳として随ハンする。（　）
12 池ハンに花ショウブが咲いている。（　）
（ア繁　イ畔　ウ伴　エ範　オ藩）

13 すばらしい演奏にトウ酔した。（　）
14 魚を冷トウして保存する。（　）
15 天然トウの記録を調べる。（　）
（ア陶　イ痘　ウ倒　エ透　オ凍）

16 屋上からロウ水しているようだ。（　）
17 長い放ロウの旅に出ていた。（　）
18 ロウ下で走らないようにしよう。（　）
（ア郎　イ廊　ウ漏　エ浪　オ楼）

19 山上へ食リョウを運ぶ。
20 本日の営業は終リョウしました。
21 勇敢で役に立つリョウ犬だ。
（ア量 イ糧 ウ良 エ猟 オ了）

22 ご高見を拝チョウします。
23 制限時間をチョウ過する。
24 会費を事前にチョウ収する。
（ア徴 イ超 ウ彫 エ聴 オ調）

25 事件のガイ略を述べる。
26 どの条件にもガイ当しない。
27 現代の世情をガイ嘆する。
（ア概 イ該 ウ外 エ街 オ慨）

28 四十七人の浪士がウち入った。
29 カメが砂浜に卵をウむ。
30 考えウる限りの手を尽くす。
（ア植 イ得 ウ浮 エ産 オ討）

31 ヒ近な例を引用する。
32 金属ヒ労を防止する。
33 強風で山小屋に退ヒした。
（ア避 イ疲 ウ碑 エ卑 オ被）

34 猛吹雪にアい難儀した。
35 記者会見で質問をアびせられた。
36 具体例をアげて説明する。
（ア挙 イ浴 ウ遭 エ飽 オ揚）

37 在庫を一ソウすることができた。
38 冬の空気は乾ソウ気味である。
39 ソウ方の言い分をよく聞く。
（ア燥 イ騒 ウ双 エ掃 オ操）

ワンポイント
●同訓異字
訓が同じで意味の異なる漢字を「**同訓異字**」という。その漢字のもつ意味を理解して、正しい使い方を知ることが大切である。
例 打つ（くぎを打つ）・撃つ（鉄砲を撃つ）・討つ（敵を討つ）

漢字力がつく
「同音・同訓異字」問題での音読みと訓読みの出題比率は、ほぼ4対1の割合。問題は熟語のうちの同音の一字を問うスタイルが中心。熟語の書き取り能力を問う要素が強いので、熟語についての幅広い知識が必要になる。

17 書き取り（音読み）①

――正しく書けて初めて、文字としての意味をもつ

よく出る

合格	もう一歩	がんばれ
(50～35)	(34～26)	(25～)

得点

● 次の――線のカタカナを漢字に直せ。

□ 1 ソウジ形に関する問題が出た。（　　）
□ 2 高速道路がエンチョウされた。（　　）
□ 3 手先のキヨウな職人だ。（　　）
□ 4 優れたケンシキを備えた人物だ。（　　）
□ 5 A社のケイレツに属する会社だ。（　　）
□ 6 *シュッショ進退を明らかにする。（　　）
□ 7 二人の交際はゴクヒだった。（　　）
□ 8 *ホウヨウ力のある人物だ。（　　）
□ 9 機構改革は*シュウチの事実だ。（　　）
□ 10 センレンされた着こなしである。（　　）
□ 11 園児をインソツして遠足に行く。（　　）
□ 12 引退後のキョシュウが注目される。（　　）
□ 13 趣味としてガリュウで絵をかく。（　　）

□ 14 調査のリョウイキを広げる。（　　）
□ 15 旅のシタクを整える。（　　）
□ 16 極めて珍しく、キショウ価値がある。（　　）
□ 17 容疑を全面的にヒニンする。（　　）
□ 18 新たな問題がテイキされた。（　　）
□ 19 これは*カンカできない問題だ。（　　）
□ 20 ケビョウを使って休む。（　　）
□ 21 被災地のメンミツな調査をする。（　　）
□ 22 タンジョウ日に贈り物をする。（　　）
□ 23 カンジュクしたトマトが市場に出る。（　　）
□ 24 彼女のジュンシンさに心を引かれた。（　　）
□ 25 優れた才能とヨウシを兼備している。（　　）
□ 26 飛行機のモケイを作る。（　　）

□ 27 インガを含めて説得した。
□ 28 聞き分けのないのにはヘイコウした。
□ 29 書類のテイサイを整える。
□ 30 彼女には役者のシシツ*がある。
□ 31 私鉄のエンセンに住んでいる。
□ 32 年齢別人口のトウケイをとる。
□ 33 久しぶりに実力をハッキした。
□ 34 バクガはビールの主原料である。
□ 35 人事のサッシンを図る。
□ 36 領土のキゾク問題を解決する。
□ 37 *イヨウな雰囲気に驚く。
□ 38 ウモウのふとんは軽くて暖かい。
□ 39 社会ホショウ制度を充実させる。
□ 40 作家としてチョメイな人物だ。

□ 41 カエルに成長するカテイ*を観察する。
□ 42 時間をゲンシュしよう。
□ 43 イシツ物を交番に届ける。
□ 44 原簿とショウゴウしてみた。
□ 45 排ガス規制にテキゴウしている。
□ 46 公金のオウリョウが発覚した。
□ 47 このままでは落選はヒッシ*だ。
□ 48 双方はセイイある態度で話し合った。
□ 49 海外での動きにコオウする。
□ 50 従来からのカンコウに従う。

ワンポイント

日本語には**同じ読み方をする熟語**が非常に多く、次のような同音異義の漢字を書いてしまいがちである。
6シュッショ＝出所　8ホウヨウ＝抱擁　9シュウチ＝衆知
19カンカ＝感化　30シシツ＝脂質　37イヨウ＝威容
41カテイ＝仮定・課程　47ヒッシ＝必死

漢字力がつく　書き取りの練習では、**漢字の一点・一画（とめ・はらい・はね）**を正確に書いて覚えるのがいちばんよい方法である。**標準字体**で正しく書けるようにしておこう。

18 書き取り（音読み）②

――正しく書かねば意味がない

よく出る

合格	もう一歩	がんばれ
(50〜35)	(34〜26)	(25〜　)

得点

● 次の――線のカタカナを漢字に直せ。

□ 1 開会の当初に**キチョウ**提案があった。（　）
□ 2 昔のアルバムを見て**カンショウ**に浸る。（　）
□ 3 相手の考え方を**ヒハン**する。（　）
□ 4 善悪の**シキベツ**ができるようになった。（　）
□ 5 祝典は**セイカイ**のうちに終わった。（　）
□ 6 世界情勢は**コンメイ**している。（　）
□ 7 研究は**シコウ**錯誤の末に完成した。（　）
□ 8 要人の**ケイゴ**は厳重だった。（　）
□ 9 **テンケイ**的な秋の天候だ。（　）
□ 10 詳しい説明を受け、**ナットク**した。（　）
□ 11 洋上から海底の**タンサ**をする。（　）
□ 12 新しい環境に**ジュンノウ**する。（　）
□ 13 牛馬を**シエキ**に駆り出す。（　）

□ 14 銅像の**ジョマク**式があった。（　）
□ 15 皆さんの自由**サイリョウ**に任せます。（　）
□ 16 総攻撃の場面は**アッカン**だった。（　）
□ 17 心を決めて**ダンコウ**した。（　）
□ 18 鶏の**ランオウ**は栄養分に富む。（　）
□ 19 両国は**メイヤク**を結んでいる。（　）
□ 20 世の風潮に**ビンジョウ**している。（　）
□ 21 山を庭の**シャッケイ**として取り入れる。（　）
□ 22 訳文と**タイショウ**して原典を読む。（　）
□ 23 従来の方針に**ギネン**を抱く。（　）
□ 24 緊急の**ジタイ**に対処する。（　）
□ 25 この雑誌は隔月に**カンコウ**されます。（　）
□ 26 県から市へ**イカン**された仕事だ。（　）

□ 27 再建というシナンの業に取り組む。

□ 28 情勢のスイイを見守る。

□ 29 カクチョウの高い文章を味わう。

□ 30 複雑なヨウインがからんでいる。

□ 31 予期せぬ問題がハセイした。

□ 32 経済界では新勢力のタイトウが著しい。

□ 33 難民に食料をキョウキュウする。

□ 34 東京・京都間をオウフクする。

□ 35 外見に比べて内容がヒンジャクだ。

□ 36 税務署に税金のシンコクをする。

□ 37 せりふを忘れてしばらくゼックした。

□ 38 機械のソウサに慣れてきた。

□ 39 審議会がトウシン案をまとめた。

□ 40 因果関係がリッショウされた。

□ 41 平和をキキュウしてやまない。

□ 42 新政権をジュリツする。

□ 43 不用意な発言でボケツを掘った。

□ 44 少々の誤差はキョヨウする。

□ 45 実業家としてのセイカを高めた。

□ 46 あれこれとサクリャクを巡らす。

□ 47 商標登録をトッキョ庁に申請した。

□ 48 新人選手がトウカクを現した。

□ 49 余分な水分をジョウハツさせる。

□ 50 社長のケッサイが下りた。

ワンポイント

●同音異字

音が同じで意味の異なる漢字を「**同音異字**」という。

例 小説・少額・招待・承認・消息・称号など

その字を含む熟語の意味を正しく理解し、あてはまる意味を表す漢字を書き分けよう。

漢字力がつく 漢字学習で実力をつけたいなら、日ごろ、できるだけ多くの書き取り問題をこなしてゆくことが大切である。

19 書き取り（訓読み）

意味を理解して適切に判断すること。楷書《かいしょ》体で点画を正確に書く必要がある

よく出る

合格
(50〜35)
もう一歩
(34〜26)
がんばれ
(25〜)

得点

● 次の――線のカタカナを漢字に直せ。

□ 1 母はしつけにキビしい人であった。（　　）
□ 2 遅れた言いワケはしない。（　　）
□ 3 成功をアヤぶむ声がある。（　　）
□ 4 まだまだテサグりの状態だ。（　　）
□ 5 空きかんの投げスては禁止だ。（　　）
□ 6 部屋をきれいにトトノえる。（　　）
□ 7 湖をノゾむ旅館に泊まる。（　　）
□ 8 今年は春のオトズれが早い。（　　）
□ 9 政局のユクエが案じられる。（　　）
□ 10 人の流れにサカらって歩く。（　　）
□ 11 海からのシオカゼが心地よい。（　　）
□ 12 彼とはヒサしく会っていない。（　　）
□ 13 世界各国が開発をキソっている。（　　）

□ 14 道路は運河にソって続いている。（　　）
□ 15 うまくいくかどうかココロみる。（　　）
□ 16 住みナれた土地を離れる。（　　）
□ 17 一心に念仏をトナえる。（　　）
□ 18 将来は建築家をココロザしている。（　　）
□ 19 臨時の窓口をモウける。（　　）
□ 20 ヒタイに汗して仕事に励む。（　　）
□ 21 髪を束ねて後ろにタらす。（　　）
□ 22 故郷の母から便りがトドいた。（　　）
□ 23 あまりの驚きに命のチヂむ思いがした。（　　）
□ 24 法のサバきを受けることになった。（　　）
□ 25 富士山頂で日の出をオガんだ。（　　）
□ 26 仏壇に果物をソナえた。（　　）

27 現実のきびしさにメザめる。

28 会社をヤめて家業を継ぐ。

29 液につけると紙が赤くソまった。

30 一筋なわではいかないシロモノだ。

31 雨が降らず、水田がヒ上がった。

32 勇気をフルって声をかける。

33 一列にナラんで行進する。

34 だれからも師とウヤマわれている。

35 感キワまって涙があふれた。

36 都市の人口増加はイチジルしい。

37 活力のミナモトは健康にある。

38 毛糸のマフラーをアむ。

39 年中雪をイタダく霊峰です。

40 道理をよくトいて聞かせる。

41 新緑にツツまれた豊かな森だ。

42 心に深くトめておきたい。

43 いすにソり返ってすわる。

44 わが身をカエリみてやましい所がない。

45 障害物をとりノゾく。

46 銀行にお金をアズける。

47 もう宿題をスませました。

48 大軍をヒキいて攻め込んだ。

49 安物買いのゼニ失い

50 幸運がサズかるように祈る。

ワンポイント

●訓読みの整理

〈動　詞〉ヤワらぐ・ソナえる・オギナう・ウツす・サワぐ・ススめる・カクす

〈形容詞〉イソガしい・サビしい・イヤしい・ヤサしい・トボしい・キビしい・ハゲしい

〈形容動詞〉ナメらか・オダやか・スミやか・オゴソか

漢字力がつく

同訓異字は**同音異字**ほど多くはないが、まずそれらの漢字の意味の違いを知って、その使い方を正しく区別することが大切である。

20 熟語構成 ①

――漢字は表意文字であり、一字一字が意味をもっている

合格	(60〜42)
もう一歩	(41〜31)
がんばれ	(30〜　)

得点

●熟語の構成のしかたには、次のようなものがある。

ア　同じような意味の漢字を重ねたもの　(例…通過)
イ　反対または対応の意味を表す漢字を重ねたもの　(例…左右)
ウ　上の字が下の字を修飾しているもの　(例…親友)
エ　下の字が上の字の目的語・補語になっているもの　(例…開会)
オ　上の字が下の字の意味を打ち消しているもの　(例…非常)

次の熟語は、ア〜オのどれにあたるか。(　)の中に記号で記せ。

1 屈伸 (　)
2 除湿 (　)
3 安穏 (　)
4 未遂 (　)
5 稲穂 (　)
6 哀歓 (　)

7 登壇 (　)
8 乾湿 (　)
9 既成 (　)
10 翻意 (　)
11 佳境 (　)
12 華麗 (　)
13 概観 (　)
14 昇降 (　)
15 喜悦 (　)
16 無粋 (　)
17 優劣 (　)
18 廉価 (　)

19 波浪 (　)
20 鎮火 (　)
21 濫伐 (　)
22 吉凶 (　)
23 握手 (　)
24 不審 (　)
25 隔世 (　)
26 空虚 (　)
27 解雇 (　)
28 緩急 (　)
29 排水 (　)
30 芳香 (　)

□ 31 緩慢（　　）
□ 32 遭難（　　）
□ 33 海賊（　　）
□ 34 抑揚（　　）
□ 35 霊魂（　　）
□ 36 愚問（　　）
□ 37 強奪（　　）
□ 38 未納（　　）
□ 39 出没（　　）
□ 40 被災（　　）
□ 41 貧富（　　）

□ 42 吉報（　　）
□ 43 換気（　　）
□ 44 悲哀（　　）
□ 45 繁茂（　　）
□ 46 傍聴（　　）
□ 47 無冠（　　）
□ 48 不興（　　）
□ 49 破戒（　　）
□ 50 辛勝（　　）
□ 51 経緯（　　）
□ 52 仰天（　　）

□ 53 巧妙（　　）
□ 54 抜群（　　）
□ 55 巨大（　　）
□ 56 棄権（　　）

□ 57 養鶏（　　）
□ 58 虚実（　　）
□ 59 添削（　　）
□ 60 卓見（　　）

ワンポイント

●**熟語とは**――漢字は**表意文字**であり、一字一字がそれぞれの意味をもっている。その漢字を二字以上組み合わせてできた言葉で、一定の意味を表すものを**熟語**という。

●**熟語の構成**――知らない熟語が出てきたときは、一つ一つの漢字の**意味**を思い出し、熟語の**構成**を考えて意味を推測するようにしよう。

●**熟語の構成のしかた**には、ア～オ以外に次のようなものがある。

◇主語と述語の関係にあるもの　例 国立・年長・地震・日没

◇同じ漢字を重ねたもの　例 堂々・黙々・人々・転々

◇漢字本来の意味と異なるもの　例 赤字・風雲・矛盾・蛇足《だそく》

◇長い熟語を省略したもの　例 入試・高校・国連・特急

他にも、「御」・「諸」・「素」・「第」などの接頭語がつくものや、「性」・「然」・「化」・「的」などの接尾語がつくものがある。

漢字力がつく

熟語の型

①□→□型（上の字が下の字を修飾しているもの、主語と述語の関係にあるもの）

②□・□型（同じような意味の漢字を重ねたもの、反対または対応の意味を表す漢字を重ねたもの）

③□←□型（下の字が上の字の目的語・補語になっているもの、上の字が下の字の意味を打ち消しているもの）

21 熟語構成 ②

——熟語は構成によっていくつかに分類できる

● 熟語の構成のしかたには、次のようなものがある。

ア 同じような意味の漢字を重ねたもの （例…**通過**）
イ 反対または対応の意味を表す字を重ねたもの （例…**左右**）
ウ 上の字が下の字を修飾しているもの （例…**親友**）
エ 下の字が上の字の目的語・補語になっているもの （例…**開会**）
オ 上の字が下の字の意味を打ち消しているもの （例…**非常**）

次の熟語は、ア～オのどれにあたるか。（　）の中に記号で記せ。

□ 1 漏電 （　）
□ 2 喜怒 （　）
□ 3 瞬間 （　）
□ 4 滅亡 （　）
□ 5 免職 （　）
□ 6 干満 （　）
□ 7 帆船 （　）
□ 8 移籍 （　）
□ 9 尊卑 （　）
□ 10 討伐 （　）
□ 11 犠牲 （　）
□ 12 栄辱 （　）
□ 13 長寿 （　）
□ 14 慰霊 （　）
□ 15 怪談 （　）
□ 16 鎮魂 （　）
□ 17 不遇 （　）
□ 18 精粗 （　）
□ 19 未了 （　）
□ 20 隆盛 （　）
□ 21 殴打 （　）
□ 22 未遂 （　）
□ 23 優遇 （　）
□ 24 喫茶 （　）
□ 25 粗品 （　）
□ 26 愛憎 （　）
□ 27 架橋 （　）
□ 28 卑俗 （　）
□ 29 主催 （　）
□ 30 攻守 （　）

合格	(60～42)
もう一歩	(41～31)
がんばれ	(30～　)
得点	

読み　書き取り　熟語　対義語・類義語　部首　送りがな　実戦模擬　資料

31 放棄（　）
32 甲乙（　）
33 邦楽（　）
34 炊飯（　）
35 魔力（　）
36 選択（　）
37 粘液（　）
38 提案（　）
39 捕鯨（　）
40 盛衰（　）
41 濫造（　）

42 封鎖（　）
43 起伏（　）
44 超越（　）
45 未婚（　）
46 執務（　）
47 濃淡（　）
48 功罪（　）
49 不滅（　）
50 無謀（　）
51 施政（　）
52 鶏卵（　）

53 貸借（　）
54 惜別（　）
55 暫定（　）
56 不詳（　）

57 賢愚（　）
58 隠匿（　）
59 養豚（　）
60 厳封（　）

ワンポイント

● **三字熟語の構成のしかた**

三字熟語は二字熟語に一字がついてできた語がほとんどである。

① 一字が上についたもの　例 大自然・低気圧
② 否定の字が上についたもの　例 不合理・無意識
③ 一字が下についたもの　例 自尊心・最大限
④ 接尾語がついたもの　例 人間性・道徳的

● **熟語の構成のしかた**には、次のようなものもある。

◇「所」・「被」が上についたもの
例 所感・所見・所有・所持・所信・所蔵・所定
被害・被告・被災・被爆・被服

◇「性」・「然」・「化」・「的」などの接尾語がついたもの
例 慢性・異性・酸性・習性・特性・陽性・理性・野性
緑化・変化・消化・進化・開化・風化・俗化・転化
美的・病的・物的・静的・動的・詩的

漢字力がつく

熟語の構成のしかたを見分けるには、**熟語の意味**を考える以外に、その漢字を使った言葉に言い換えてみるとよい。例えば、「善良」は、「善い」と「良い」だから、同じような意味の漢字を重ねたものであることがわかる。

22 四字熟語①

——二字熟語の組み合わせでできたものが圧倒的に多い

合格	もう一歩	がんばれ	得点
(50〜35)	(34〜26)	(25〜)	

● 文中の四字熟語の——線のカタカナを漢字に直し、(　)に二字記入せよ。

□ 1 忠告を受けてもバジ東風と聞き流す。(　　)
□ 2 商売はジュンプウ満帆でスタートした。(　　)
□ 3 平身テイトウして非礼をわびた。(　　)
□ 4 メンボク躍如たる勝ちかたであった。(　　)
□ 5 コック勉励のかいあって合格した。(　　)
□ 6 目先の利害トクシツにとらわれない。(　　)
□ 7 世相はブツジョウ騒然としてきた。(　　)
□ 8 何事も熟慮ダンコウが望ましい。(　　)
□ 9 一件ラクチャクして安心した。(　　)
□ 10 キキ一髪のところで助かった。(　　)
□ 11 目標一筋に無我ムチュウで取り組む。(　　)
□ 12 実力があって前途ユウボウな選手だ。(　　)
□ 13 老成エンジュクの境地に達している。(　　)

□ 14 連敗してイキ消沈してしまった。(　　)
□ 15 優勝の悲願タッセイまであと一歩だ。(　　)
□ 16 学業より遊びとはホンマツ転倒だ。(　　)
□ 17 遅刻が日常サハンであっては困る。(　　)
□ 18 テンイ無縫に振る舞う人だ。(　　)
□ 19 四海ケイテイが究極の理想です。(　　)
□ 20 会談は外交ジレイに終始した。(　　)
□ 21 技術は日進ゲッポで向上している。(　　)
□ 22 固定カンネンは簡単に捨て切れない。(　　)
□ 23 大山メイドウしてネズミ一匹(　　)
□ 24 最近はセイコウ雨読の生活です。(　　)
□ 25 古人はカチョウ風月を友とした。(　　)
□ 26 国家の威信カイフクに努めます。(　　)

□ 27 人の考えは**千差バンベツ**だ。

□ 28 **先憂コウラク**は政治家の心構えだ。

□ 29 **フクザツ怪奇**な事件が多い。

□ 30 夢には**潜在イシキ**が現れるという。

□ 31 **緊急ジタイ**に備えた避難訓練。

□ 32 入選した画家は**大器バンセイ**の人だ。

□ 33 開票速報を見て**イッキ一憂**する。

□ 34 **キンジョウ鉄壁**の守りを誇る。

□ 35 **難攻フラク**の城といわれていた。

□ 36 **人間コクホウ**の称号を得る。

□ 37 **大胆フテキ**な振る舞いだ。

□ 38 組織の**新陳タイシャ**を図る。

□ 39 趣味と実益で**一挙リョウトク**だ。

□ 40 **ショッケン濫用**に歯止めをかける。

□ 41 **品行ホウセイ**で模範的な人物である。

□ 42 話の中味が**ムミ乾燥**で退屈だ。

□ 43 双方の考えは**大同ショウイ**である。

□ 44 各人の**シュシャ選択**は自由です。

□ 45 **ココン無双**の腕前と称せられた。

□ 46 約束を破るとは**言語ドウダン**だ。

□ 47 **メイキョウ止水**の心境だ。

□ 48 久しぶりの再会で**感慨ムリョウ**だ。

□ 49 **ゼンジン未到**の新記録を達成した。

□ 50 常に**思慮フンベツ**を心掛けている。

ワンポイント

●四字熟語は、**二字熟語**を組み合わせたものが基本である。それぞれの二字熟語の意味を把握しておこう。

●**故事成語**からできたものも多い。**故事**は昔あった事柄や古い書物に書かれていた事柄・言い伝えであり、**成語**は昔の人が作った言葉である。

漢字力がつく

四字熟語には、数字の入るものが多い。**一**と**千**との組み合わせなどには特に注意しよう。

（例 一日千秋《いちじつせんしゅう》、千載一遇《せんざいいちぐう》、二者択一《にしゃたくいつ》、四苦八苦《しくはっく》、四分五裂《しぶんごれつ》）

23 四字熟語 ②

―四字熟語には故事成語（故事に関する語句が言い習わされて慣用語となったもの）も含まれる

合格	もう一歩	がんばれ
(50〜35)	(34〜26)	(25〜)

得点

● 文中の四字熟語の――線のカタカナを漢字に直し、（ ）に二字記入せよ。

□ 1 オンコ知新の心掛けで古典を読む。（ ）
□ 2 遠隔ソウサで動かす。（ ）
□ 3 全くキョウ貧乏な男だ。（ ）
□ 4 世間のうわさは事実ムコンだ。（ ）
□ 5 センガク非才の私をご指導ください。（ ）
□ 6 権謀ジュッスウのうず巻く政界だ。（ ）
□ 7 明治は文明カイカの時代であった。（ ）
□ 8 シンザン幽谷に隠れ住む。（ ）
□ 9 消極的で薄志ジャッコウと非難する。（ ）
□ 10 モンコ開放で外国と交流が始まった。（ ）
□ 11 プロに歯向かうとはショウシ千万だ。（ ）
□ 12 ソッセン垂範の実行力が欲しい。（ ）
□ 13 百点をとり、トクイ満面だった。（ ）

□ 14 意味シンチョウな笑みを浮かべる。（ ）
□ 15 難問はキュウテン直下に解決した。（ ）
□ 16 一打逆転のコウキ到来だ。（ ）
□ 17 チガイ法権のため介入できない。（ ）
□ 18 正当ボウエイと認められた。（ ）
□ 19 今回も落選してシツボウ落胆した。（ ）
□ 20 事件の一部シジュウを語った。（ ）
□ 21 候補者多数でランセン模様となった。（ ）
□ 22 記者の質問はタントウ直入だった。（ ）
□ 23 有為テンペンは世の常である。（ ）
□ 24 バーゲンでセンキャク万来の盛況だ。（ ）
□ 25 師の教えをキンカ玉条とする。（ ）
□ 26 豪華な舞台ソウチが出来上がった。（ ）

27 病人は**面会シャゼツ**の状態だ。

28 有害物質による**フクゴウ汚染**。

29 **シンシュツ鬼没**の行動に手を焼く。

30 復旧工事を**チュウヤ兼行**で進める。

31 とりあえず**オウキュウ措置**を講ずる。

32 **シコウ錯誤**を重ねてやっと解決した。

33 **巧言レイショク**に惑わされません。

34 反対派議員は**ギュウホ戦術**をとった。

35 つまらない**流言ヒゴ**に惑わされる。

36 **音吐ロウロウ**と詩を読み上げた。

37 芸能人に**ミッチャク取材**をする。

38 動物の**ジョウケン反射**の実験をする。

39 いまだに**漫言ホウゴ**の癖が直らない。

40 協議は**ショセツ紛紛**でまとまらない。

41 **エンガン漁業**で有名な港町。

42 これで**タイギ名分**が立ちます。

43 **イシン伝心**でわかってもらえた。

44 景気対策の**波及コウカ**が表れた。

45 **シュウチュウ豪雨**で川が増水した。

46 **臨時カクギ**が開かれる。

47 常に**ヨウイ周到**を心掛けている。

48 **クウゼン絶後**の大ブームとなった。

49 **センセイ攻撃**を仕掛ける。

50 部下に背かれ、**孤城ラクジツ**の様相だ。

ワンポイント

● **四字熟語の構成を覚えよう！** (1)

① 上の二字と下の二字が似た意味のもの
例 共存共栄《きょうぞんきょうえい》・雲散霧消《うんさんむしょう》・悪戦苦闘《あくせんくとう》・適材適所《てきざいてきしょ》

② 上の二字と下の二字が反対の意味のもの
例 有名無実《ゆうめいむじつ》・外柔内剛《がいじゅうないごう》・針小棒大《しんしょうぼうだい》・不即不離《ふそくふり》

漢字力がつく

故事成語は、主に中国の古い出来事に由来する言葉である。この問題集で扱っている程度の故事成語については、漢和辞典などでその由来を調べ、**言葉の原義**を確認するようにしておこう。

24 四字熟語 ③

単に四つの漢字の組み合わせを暗記するのではなく、意味内容を十分に理解しておく必要がある

合格	もう一歩	がんばれ
(50〜35)	(34〜26)	(25〜　)

得点

● 文中の四字熟語の――線のカタカナを漢字に直し、（　）に二字記入せよ。

□ 1 従来の年功ジョレツの人事を改める。（　）
□ 2 和服の似合うヨウシ端麗なモデル。（　）
□ 3 甘言に迷わされぬシソウ堅固な人だ。（　）
□ 4 組織内の独断センコウは許せない。（　）
□ 5 一晩中炉辺ダンワに花が咲いた。（　）
□ 6 コウロン卓説を拝聴し感服した。（　）
□ 7 容体はショウコウ状態を保っている。（　）
□ 8 応募作品はギョクセキ混交だった。（　）
□ 9 二人はイタイ同心の仲だ。（　）
□ 10 先方のビジ麗句に惑わされた。（　）
□ 11 職務にコウシ混同は許されない。（　）
□ 12 朗報を受けて喜色マンメンだ。（　）
□ 13 昔の人々は怪力ランシンを恐れた。（　）

□ 14 会議は百家ソウメイで結論が出ない。（　）
□ 15 今、評判の人気ゼッチョウの品だ。（　）
□ 16 空理クウロンをふりかざす。（　）
□ 17 経営者のセキニン回避は許せない。（　）
□ 18 キュウタイ依然の体制を改める。（　）
□ 19 景気はアンウン低迷から脱した。（　）
□ 20 油断タイテキと自分に言い聞かせる。（　）
□ 21 事件はシュウジン環視の中で起きた。（　）
□ 22 起死カイセイの安打を放った。（　）
□ 23 チョウレイ暮改の規則は困る。（　）
□ 24 時間ゲンシュは当然のマナーです。（　）
□ 25 シュウシ一貫して反対の立場をとる。（　）
□ 26 天変チイは突然にやってくる。（　）

27 主任教授は**ハクガク多才**の人だ。

28 最近は**キセイ緩和**の傾向にある。

29 仏前で**無病ソクサイ**を祈る。

30 倒産して**ジボウ自棄**になった。

31 すばらしい出来ばえと**自画ジサン**した。

32 **緩急ジザイ**の投球である。

33 大会は**平穏ブジ**に閉会した。

34 **フロウ長寿**の薬を探し求める。

35 **セイサツ与奪**の実権を握っている。

36 思わぬ朗報に**破顔イッショウ**した。

37 同じ仲間だが、結局は**同床イム**なのだ。

38 文人は**酔生ムシ**の一生を送った。

39 **公平ムシ**の心構えが大切だ。

40 一糸乱れぬ**上意カタツ**の体制だ。

41 **清廉ケッパク**であることが立証された。

42 連絡がとれず、**ジゴ承諾**になりました。

43 **優柔フダン**でチャンスを逃がした。

44 **エンコウ近攻**は戦国時代の戦略だ。

45 今こそ**キキュウ存亡**のときである。

46 景勝に恵まれた**山紫スイメイ**の地だ。

47 欲を捨て**行雲リュウスイ**の日々を送る。

48 **人海センジュツ**で大事業をやり遂げた。

49 **立身シュッセ**を夢見る。

50 **ニソク三文**で売り払った。

ワンポイント

● **四字熟語の構成を覚えよう!** (2)

③ 上下が主語・述語の関係　例 大器晩成《たいきばんせい》・意気投合《いきとうごう》

④ 上下が慣用語的に連続する関係　例 我田引水《がでんいんすい》・因果応報《いんがおうほう》

⑤ 四字が対等の関係　例 東西南北《とうざいなんぼく》・喜怒哀楽《きどあいらく》

漢字力がつく

「四字熟語」を広い意味でとらえた場合は、日常的に使われる一般用語も含めて、漢字四字で構成されるすべての熟語を指す。

25 対義語・類義語①

——それぞれの熟語をペアで覚えよう

合格	(40〜28)
もう一歩	(27〜21)
がんばれ	(20〜　)

得点

❶ 次の（　）内に入る適切な語を、後の□の中から必ず一度選んで漢字に直し、対義語・類義語を作れ。

対義語

□ 1 利益—（　）害
□ 2 妨害—（　）力
□ 3 緩慢—（　）敏
□ 4 慎重—（　）率
□ 5 分裂—（　）一
□ 6 冗漫—簡（　）
□ 7 超過—未（　）
□ 8 膨張—収（　）
□ 9 正統—（　）端
□ 10 華美—質（　）

類義語

□ 11 没頭—（　）念
□ 12 負債—（　）金
□ 13 関与—介（　）
□ 14 屈指—有（　）
□ 15 介抱—（　）護
□ 16 克明—（　）念
□ 17 傍観—座（　）
□ 18 鼓舞—（　）励
□ 19 突如—（　）意
□ 20 解雇—免（　）

い・かん・き・きょう・けい
げき・けつ・し・しゃっ・しゅく
しょく・すう・せん・そ・そん
たん・とう・にゅう・ふ・まん

ワンポイント

対義語・類義語は、漢字や日本語のもつ微妙なニュアンスを知る上で非常に大事なものである。また、文章表現に際しては、それらを踏まえ、使い分けることで文章に様々な表情をつけることができる。どちらも熟語学習の一環として極めて重要で、熟語をできるだけ多く習得し、熟語同士の関係をとらえることで、漢字力をつけることができる。対義語辞典・類義語辞典などもあるので、大いに活用しよう。

❷ 次の（　）内に入る適切な語を、後の□の中から必ず一度選んで漢字に直し、対義語・類義語を作れ。

対義語

□ 1 停滞―進（　　）
□ 2 丁重―粗（　　）
□ 3 需要―供（　　）
□ 4 架空―（　　）在
□ 5 倹約―浪（　　）
□ 6 追加―削（　　）
□ 7 恒星―（　　）星
□ 8 促進―抑（　　）
□ 9 諮問―答（　　）
□ 10 上昇―（　　）下

類義語

□ 11 険悪―（　　）穏
□ 12 措置―（　　）理
□ 13 基礎―（　　）底
□ 14 機構―（　　）織
□ 15 傾向―風（　　）
□ 16 官吏―（　　）人
□ 17 恒久―（　　）遠
□ 18 格別―（　　）別
□ 19 起伏―高（　　）
□ 20 辛酸―困（　　）

えい・きゅう・く・げん・こう
こん・じつ・しょ・しん・せい
そ・ちょう・てい・てん・とく
ひ・ふ・やく・ゆう・りゃく

ワンポイント

●対義語

互いに反対の意味をもつ語同士を対義語という。対義語は必ずしも一対《つい》だけとは限らない。

例
子孫―先祖・祖先　安心―心配・不安
就職―辞職・退職・離職
削除―増補・添加　衰退―繁栄・発展
進級―落第・留年　抽象―具象・具体
是認―否認・拒否　独唱―斉唱・合唱
複雑―簡単・単純　発信―受信・着信
退任―就任・着任

漢字力がつく

○熟語をできるだけ多く覚えること。同時に、**対義語・類義語**も確認しておく。
○熟語の**意味**を正しく理解すること。一字一字の**漢字の意味**もおさえておく。
○熟語を**漢字**で正確に書けるようにすること。**何度も書く**ことが大切。

26 対義語・類義語②

—対義語・類義語の問題は、熟語の意味と書き取りの能力が問われる

合格	(40～28)
もう一歩	(27～21)
がんばれ	(20～　)
得点	

❶ 次の（　）内に入る適切な語を、後の□の中から必ず一度選んで漢字に直し、対義語・類義語を作れ。

対義語

□ 1 専任—（　）務
□ 2 鎮静—興（　）
□ 3 悪魔—天（　）
□ 4 解雇—（　）用
□ 5 解放—拘（　）
□ 6 栄達—零（　）
□ 7 錠剤—（　）薬
□ 8 起床—（　）寝
□ 9 強制—（　）意
□ 10 劣悪—優（　）

類義語

□ 11 邪道—（　）端
□ 12 架空—虚（　）
□ 13 決意—（　）悟
□ 14 了解—納（　）
□ 15 漂泊—（　）浪
□ 16 抜群—卓（　）
□ 17 落胆—失（　）
□ 18 鎮圧—平（　）
□ 19 功績—手（　）
□ 20 容赦—勘（　）

い・えつ・かく・がら・けん
こう・さい・さん・し・しゅう
そく・てい・とく・にん・ふん
べん・ほう・ぼう・らく・りょう

ワンポイント

● **対義語の構造**

① **それぞれの字**が反対の意味になっているもの
例 快楽—苦痛　拡大—縮小

② **上の一字**だけが反対の意味になっているもの
例 着陸—離陸　進化—退化

③ **下の一字**だけが反対の意味になっているもの
例 輸出—輸入　債権—債務

④ **全体の意味**として反対になっているもの
例 形式—内容　現実—理想

⑤ **打ち消しの語**を用いて反対の意味にするもの
例 満足—不満　可決—否決

❷ 次の（　）内に入る適切な語を、後の［　］の中から必ず一度選んで漢字に直し、対義語・類義語を作れ。

対義語

□ 1 従順―（　）情
□ 2 紛争―（　）解
□ 3 虐待―愛（　）
□ 4 衰微―（　）隆
□ 5 終了―開（　）
□ 6 詳細―（　）略
□ 7 悲哀―歓（　）
□ 8 地獄―（　）楽
□ 9 逮捕―釈（　）
□ 10 潤沢―（　）乏

類義語

□ 11 栄光―名（　）
□ 12 詠嘆―感（　）
□ 13 期待―嘱（　）
□ 14 興亡―（　）衰
□ 15 陰謀―策（　）
□ 16 回顧―（　）憶
□ 17 紛争―（　）乱
□ 18 許諾―了（　）
□ 19 征伐―（　）治
□ 20 正邪―是（　）

かん・き・けつ・ご・こう
ごう・ごく・し・しょう・せい
そう・たい・つい・どう・ひ
ほう・ぼう・よ・りゃく・わ

ワンポイント

●対義語を効率よく身につけるには

① 辞書を引く習慣をつける。
② **対立**する漢字を結びつけて熟語にする。
「**善**」の対義語は「**悪**」。この二字で「**善悪**」になる。また「**自**」の対義語は「**他**」。合わせて「**自他**」となる。
③ 対《つい》になる漢字に一字をつけて語彙《ごい》を増やす。
例 善意↔悪意　自分(己)↔他人
④ 二字とも異なる字からなる対義語を覚える。
A 二字がそれぞれ対照的な意味の字でできているもの
例 上昇↔下降　開放↔閉鎖
B 対応している二字からできているもの
例 永遠↔一時　過去↔未来

漢字力がつく

反対語と**対応語**とを合わせて「**対義語**」という。一対の熟語として覚えること。
「入学」と「卒業」とは反対語だが、「入学」と「退学」とは、意味内容から対応語になる。

27 対義語・類義語 ③

——よく似た意味をもつ類義語は一つとは限らない
（例 委託・委任・委嘱《いしょく》・依頼）

合格	もう一歩	がんばれ
(40〜28)	(27〜21)	(20〜　)

得点

❶ 次の（　）内に入る適切な語を、後の□の中から必ず一度選んで漢字に直し、対義語・類義語を作れ。

対義語

□ 1 創造―（　）倣

□ 2 穏健―過（　）

□ 3 優雅―粗（　）

□ 4 邪悪―（　）良

□ 5 侵害―擁（　）

□ 6 鋭敏―鈍（　）

□ 7 遵守―（　）反

□ 8 阻害―（　）長

□ 9 承諾―辞（　）

□ 10 偶然―（　）然

類義語

□ 11 手紙―（　）簡

□ 12 終始―（　）尾

□ 13 潤沢―（　）富

□ 14 老巧―（　）練

□ 15 華美―（　）手

□ 16 外見―（　）裁

□ 17 他界―（　）眠

□ 18 不審―（　）惑

□ 19 憂慮―心（　）

□ 20 幻影―虚（　）

い・えい・かん・ぎ・げき
ご・しゅ・じゅく・しょ・じょ
ぜん・ぞう・たい・てい・は
ぱい・ひつ・ほう・も・や

ワンポイント

●類義語

意味がまったく同じ場合と、似通った意味の場合がある。微妙なニュアンスに注意しよう。

例 二つ以上の類義語があるもの

意見・意向・所見・見解　　面会・面接・対面・会見
改革・変革・改変・革新　　外聞・風説・世評・体面・風聞
過失・失策・過誤・失敗　　加勢・応援・助勢・援助・救援
効果・効能・効用・効験・効力　　終幕・終末・帰結・結末

❷ 次の（　）内に入る適切な語を、後の□の中から必ず一度選んで漢字に直し、対義語・類義語を作れ。

対義語

□ 1 苦手―（　）意
□ 2 抽象―（　）体
□ 3 猛暑―（　）寒
□ 4 脱退―加（　）
□ 5 修繕―破（　）
□ 6 免税―（　）税
□ 7 遠隔―近（　）
□ 8 柔弱―強（　）
□ 9 汚濁―（　）澄
□ 10 高雅―（　）俗

類義語

□ 11 辛抱―（　）慢
□ 12 節減―倹（　）
□ 13 思慮―分（　）
□ 14 携帯―所（　）
□ 15 威容―英（　）
□ 16 委託―依（　）
□ 17 警護―護（　）
□ 18 審議―検（　）
□ 19 専有―（　）占
□ 20 完遂―（　）成

えい・か・が・ぐ・げん・こ
し・じ・せい・せつ・そん
たっ・てい・とう・とく・どく
べつ・めい・やく・らい

ワンポイント

● 類義語の構造

① 同じ字が上下（ねじれ）の位置にあるもの
例 実施―施行　発刊―刊行
② 同じ字が上にあるもの
例 行動―行為　衰退―衰弱
③ 同じ字が下にあるもの
例 名作―傑作　滅亡―衰亡
④ 全体で意味が似ているもの
例 観点―見地　覚悟―決心

漢字力がつく

対義語と類義語の出題比率は**1対1**の割合。対《つい》になる二つの二字熟語のうち、一字分の空欄を穴埋めするスタイル。自信のある熟語から一つずつ埋めていこう。

28 部首（択一式）①

―漢字の戸籍簿、それが部首である

合格	(40〜28)
もう一歩	(27〜21)
がんばれ	(20〜　)

得点

● 次の漢字の部首をア〜エから選び、（　）の中に記号を記せ。

□ 1 克（ア 十　イ 儿　ウ 一　エ 口）（　　）
□ 2 募（ア 艹　イ 日　ウ 大　エ 力）（　　）
□ 3 衰（ア 亠　イ 口　ウ 一　エ 衣）（　　）
□ 4 欺（ア 八　イ 人　ウ 其　エ 欠）（　　）
□ 5 菊（ア 艹　イ 勹　ウ 米　エ 十）（　　）
□ 6 匠（ア 乚　イ ノ　ウ 匚　エ 斤）（　　）
□ 7 奪（ア 隹　イ 大　ウ 寸　エ 亅）（　　）
□ 8 室（ア 至　イ 穴　ウ 宀　エ 土）（　　）
□ 9 瀬（ア 貝　イ 頁　ウ 木　エ 氵）（　　）
□ 10 郭（ア 亠　イ 口　ウ 子　エ 阝）（　　）
□ 11 卑（ア 田　イ ノ　ウ 白　エ 十）（　　）

□ 12 卓（ア 日　イ ト　ウ 十　エ 口）（　　）
□ 13 酵（ア 酉　イ 土　ウ 耂　エ 子）（　　）
□ 14 膜（ア 月　イ 艹　ウ 日　エ 大）（　　）
□ 15 卸（ア ノ　イ 卩　ウ 止　エ 缶）（　　）
□ 16 魔（ア 广　イ 鬼　ウ 麻　エ 木）（　　）
□ 17 辱（ア 厂　イ 寸　ウ 一　エ 辰）（　　）
□ 18 雇（ア 隹　イ 戸　ウ 一　エ 尸）（　　）
□ 19 尿（ア 水　イ 尸　ウ 亅　エ 一）（　　）
□ 20 暫（ア 日　イ 車　ウ 斤　エ 丨）（　　）
□ 21 膨（ア 月　イ 彡　ウ 口　エ 士）（　　）
□ 22 忌（ア 乙　イ 己　ウ 心　エ 二）（　　）

□ 23 衝（ア 彳　イ 亻　ウ 里　エ 行）（　　）

□ 24 犠（ア ノ　イ 羊　ウ 牜　エ 戈）（　　）

□ 25 帝（ア 冖　イ 立　ウ 亠　エ 巾）（　　）

□ 26 慮（ア 厂　イ 心　ウ 虍　エ 田）（　　）

□ 27 審（ア 宀　イ 釆　ウ 米　エ 田）（　　）

□ 28 慕（ア 艹　イ 日　ウ ⺗　エ 大）（　　）

□ 29 墨（ア 里　イ 土　ウ 灬　エ 黒）（　　）

□ 30 掌（ア 手　イ 小　ウ 冖　エ 口）（　　）

□ 31 礎（ア 木　イ 石　ウ 疋　エ 足）（　　）

□ 32 腐（ア 广　イ 亻　ウ 寸　エ 肉）（　　）

□ 33 刑（ア 干　イ 廾　ウ 亅　エ 刂）（　　）

□ 34 閲（ア 八　イ 口　ウ 門　エ 儿）（　　）

□ 35 弧（ア 弓　イ ノ　ウ 厶　エ 八）（　　）

□ 36 貫（ア 一　イ 田　ウ 八　エ 貝）（　　）

□ 37 憲（ア 宀　イ 十　ウ 罒　エ 心）（　　）

□ 38 昇（ア 日　イ ノ　ウ 一　エ 廾）（　　）

□ 39 穫（ア 禾　イ 艹　ウ 又　エ 隹）（　　）

□ 40 夢（ア 艹　イ 夕　ウ 冖　エ 罒）（　　）

ワンポイント

●部首は漢字の意味を表す部分

漢字を組み立てている部分のうち、漢字をその字形によって分類するときの基本となる部分を**部首**という。**漢和辞典**に収められているすべての漢字は、部首によって**分類・配列**されているので、これを利用するためには、部首を使って検索《けんさく》するのが基本的な方法である。

部首のなかには、その漢字自体が部首として掲載されているものもある。

漢字力がつく

部首は漢字の意味を表す部分であるから、**部首の意味**を知ることによって、その漢字のもとの意味や成り立ちを理解することができる。

29 部首（択一式）②

――部首とは、漢字の構成部分のうち、分類の目印となる部分

合格	もう一歩	がんばれ	得点
（40〜28）	（27〜21）	（20〜　）	

● 次の漢字の部首をア～エから選び、（　）の中に記号を記せ。

□ 1 敢（ア 二　イ 耳　ウ 攵　エ 工）（　）
□ 2 賢（ア 貝　イ 匚　ウ 又　エ 臣）（　）
□ 3 擁（ア 隹　イ 亠　ウ 幺　エ 扌）（　）
□ 4 匿（ア 艹　イ 匚　ウ 一　エ 口）（　）
□ 5 葬（ア 歹　イ 艹　ウ 廾　エ 匕）（　）
□ 6 隷（ア 士　イ 示　ウ 隶　エ 氺）（　）
□ 7 敷（ア 方　イ 攵　ウ 丶　エ 田）（　）
□ 8 執（ア 土　イ 干　ウ 丿　エ 丸）（　）
□ 9 湾（ア 冫　イ 氵　ウ 亠　エ 弓）（　）
□ 10 袋（ア 亻　イ 弋　ウ 亠　エ 衣）（　）
□ 11 慰（ア 尸　イ 示　ウ 寸　エ 心）（　）

□ 12 吏（ア 口　イ 一　ウ 大　エ 人）（　）
□ 13 畔（ア 八　イ 十　ウ 口　エ 田）（　）
□ 14 裏（ア 亠　イ 衣　ウ 田　エ 里）（　）
□ 15 酔（ア 一　イ 西　ウ 酉　エ 十）（　）
□ 16 宴（ア 日　イ 宀　ウ 穴　エ 女）（　）
□ 17 幻（ア 𠃌　イ 厶　ウ 幺　エ 糸）（　）
□ 18 豪（ア 亠　イ 口　ウ 冖　エ 豕）（　）
□ 19 異（ア 一　イ 田　ウ 十　エ 共）（　）
□ 20 厘（ア 田　イ 土　ウ 厂　エ 里）（　）
□ 21 陵（ア 土　イ 阝　ウ 八　エ 夂）（　）
□ 22 蛮（ア 虫　イ 亠　ウ 八　エ 亦）（　）

□ 23 畜（ア 幺　イ 玄　ウ 田　エ 亠）（　　）

□ 24 殴（ア 几　イ 又　ウ 匚　エ 殳）（　　）

□ 25 虐（ア 虍　イ 广　ウ 卜　エ 匚）（　　）

□ 26 辞（ア 立　イ 辛　ウ 舌　エ 口）（　　）

□ 27 敗（ア 目　イ 八　ウ 貝　エ 攵）（　　）

□ 28 崩（ア 月　イ 一　ウ 凵　エ 山）（　　）

□ 29 隣（ア 米　イ 阝　ウ 夕　エ 舛）（　　）

□ 30 催（ア ノ　イ 山　ウ 亻　エ 隹）（　　）

□ 31 冠（ア 寸　イ ノ　ウ 儿　エ 冖）（　　）

□ 32 就（ア 亠　イ 口　ウ 尢　エ 小）（　　）

□ 33 墾（ア 土　イ 豸　ウ ⺍　エ 艮）（　　）

□ 34 賊（ア 目　イ 貝　ウ 十　エ 戈）（　　）

□ 35 裁（ア 丶　イ 衣　ウ 戈　エ 土）（　　）

□ 36 痘（ア 广　イ 疒　ウ 口　エ 豆）（　　）

□ 37 墜（ア 阝　イ 八　ウ 豕　エ 土）（　　）

□ 38 戯（ア 虍　イ ノ　ウ 卜　エ 戈）（　　）

□ 39 撃（ア 殳　イ 手　ウ 車　エ 又）（　　）

□ 40 導（ア 西　イ 酉　ウ 辶　エ 寸）（　　）

ワンポイント

●その字自体が部首である例

牛 米 矢 角 足 金 骨 竹 雨 皿 走 行 門 一
人 口 土 女 小 子 山 川 己 弓 心 戸 手 月
木 水 火 父 母 玉 田 白 目 糸 肉 見 貝 入
衣 王 黄 工 血 欠 穴 犬 言 西 氏 支 止 示
歯 車 赤 首 青 臣 身 舌 鳥 鼻 鹿 麦 鬼 辰

漢字力がつく

部首の学習は、漢字の習得にも有効である。似た形の漢字を**部首に注目して覚えておくと**、しっかり記憶に残って間違うことが少なくなる。例 住・注・柱　他・池・地　清・情・晴　待・持・時

30 部首（択一式）③

――どの部分が部首か紛らわしい漢字に要注意

● 次の漢字の部首をア〜エから選び、（　）の中に記号を記せ。

1 藩（ア 氵　イ 艹　ウ 釆　エ 田）（　）

2 題（ア 日　イ 頁　ウ 疋　エ 八）（　）

3 慈（ア 玄　イ 一　ウ 心　エ 幺）（　）

4 婿（ア 止　イ 女　ウ 疋　エ 月）（　）

5 励（ア ノ　イ 厂　ウ 刀　エ 力）（　）

6 驚（ア 攵　イ 艹　ウ 馬　エ 勹）（　）

7 契（ア 刀　イ 大　ウ 一　エ 王）（　）

8 廉（ア 广　イ 亠　ウ 八　エ 刂）（　）

9 魂（ア 二　イ 厶　ウ 儿　エ 鬼）（　）

10 塗（ア 氵　イ 人　ウ 土　エ 示）（　）

11 喫（ア 刀　イ 口　ウ 丰　エ 大）（　）

12 疑（ア 止　イ 疋　ウ 匕　エ 矢）（　）

13 欄（ア 木　イ 門　ウ 日　エ 口）（　）

14 某（ア 甘　イ 一　ウ 二　エ 木）（　）

15 搾（ア 扌　イ 宀　ウ 穴　エ 乍）（　）

16 率（ア 亠　イ 十　ウ 玄　エ 幺）（　）

17 斤（ア ノ　イ 一　ウ 丨　エ 斤）（　）

18 糧（ア 米　イ 日　ウ 里　エ 丨）（　）

19 既（ア 旡　イ 日　ウ 艮　エ 尢）（　）

20 房（ア 一　イ 戸　ウ 尸　エ 方）（　）

21 怠（ア 口　イ 厶　ウ 台　エ 心）（　）

22 整（ア 止　イ 一　ウ 攵　エ 口）（　）

合格	もう一歩	がんばれ	得点
(40〜28)	(27〜21)	(20〜　)	

□ 23 歴（ア 止　イ 木　ウ 厂　エ 一）（　）

□ 24 零（ア 𠆢　イ 一　ウ 冖　エ ⻗）（　）

□ 25 威（ア 戈　イ 厂　ウ 女　エ 弋）（　）

□ 26 哲（ア 扌　イ ノ　ウ 斤　エ 口）（　）

□ 27 惑（ア 或　イ 戈　ウ 心　エ 口）（　）

□ 28 興（ア 一　イ 冂　ウ 八　エ 臼）（　）

□ 29 獄（ア 犭　イ 言　ウ 大　エ 犬）（　）

□ 30 簿（ア 氵　イ 寸　ウ ⺮　エ 田）（　）

□ 31 翻（ア 釆　イ 羽　ウ ノ　エ 田）（　）

□ 32 鶏（ア 灬　イ ノ　ウ ツ　エ 鳥）（　）

□ 33 婆（ア 氵　イ 又　ウ 女　エ 皮）（　）

□ 34 虚（ア ト　イ 虍　ウ 广　エ 匕）（　）

□ 35 罰（ア 言　イ 罒　ウ 口　エ 刂）（　）

□ 36 顧（ア 戸　イ 隹　ウ 頁　エ 貝）（　）

□ 37 聴（ア 耳　イ 十　ウ 罒　エ 心）（　）

□ 38 癖（ア 尸　イ 辛　ウ 疒　エ 广）（　）

□ 39 髪（ア 彡　イ 髟　ウ 友　エ 镸）（　）

□ 40 鼻（ア 廾　イ 自　ウ 田　エ 鼻）（　）

ワンポイント

部首はその位置によって、「偏《へん》」「旁《つくり》」「冠《かんむり》」「脚《あし》」「垂《たれ》」「繞《にょう》」「構《かまえ》」「その他」の八つに分類される。漢字の中には字義で部首が決められるものもあるので、注意する必要がある。漢和辞典を引くときには欠かせない知識であるから、基本的な部首については、部首一覧表などでしっかり覚えよう。ところで、一九四六年に当用漢字が制定された際、旧字体に代わって新しい字体ができたため、部首が変更されたものもある。具体的には、會↓会（日↓人）、寫↓写（宀↓冖）などで、―線が古い字体と部首。

漢字力がつく

同じ部首でも、漢字のどこに位置するかによって呼び名が変わる。

例
言 ｛記・説・調・該・謡→**ごんべん**
　　言・警・誓・誉→**げん**

土 ｛場・地・坂・塩・境・均・増・域・城→**つちへん**
　　土・型・堂・圧・基・在・墓・報・垂→**つち**

31 漢字と送りがな ①

――送りがなの原則をマスターしよう

● 次の――線のカタカナを漢字一字と送りがな（ひらがな）に直せ。

〈例〉 門をアケル。（開ける）

□ 1 ひそかに私腹をコヤシていた。（　　）
□ 2 天気予報はハズレルこともある。（　　）
□ 3 市場で乾物をアキナッている。（　　）
□ 4 司会をツトメル山田です。（　　）
□ 5 地元の人とマジワル機会がある。（　　）
□ 6 会長の威厳がソナワッている。（　　）
□ 7 物事の本質をキワメル。（　　）
□ 8 台風で遠足が来週にノビル。（　　）
□ 9 いつのまにか部屋がチラカル。（　　）
□ 10 今年はカナラズ勝ってみせる。（　　）
□ 11 マズシクても幸せな日々だ。（　　）
□ 12 キタル五日は幹事会を開きます。（　　）
□ 13 応援団のイサマシイかけ声だ。（　　）
□ 14 思わず目をソムケてしまった。（　　）
□ 15 熱湯を少しサマシて茶をいれる。（　　）
□ 16 ワレルような拍手で迎えられた。（　　）
□ 17 サッカー部の大会出場をイワウ。（　　）
□ 18 久しぶりに母校にツドウ。（　　）
□ 19 現場でスミヤカナ処置をした。（　　）
□ 20 いつまでも健康をタモツ。（　　）
□ 21 将棋で父親をマカシた。（　　）
□ 22 泣くまいと必死にツトメル。（　　）
□ 23 わざわざお越しイタダイて恐縮です。（　　）
□ 24 いつも笑顔をタヤサない。（　　）
□ 25 神仏をウヤマウ心の厚い人だ。（　　）
□ 26 運動会のアクル日は雨だった。（　　）

合格	(50～35)
もう一歩	(34～26)
がんばれ	(25～　)
得点	

27 偶然がよい結果を**ミチビイ**た。

28 自分の欠点を**ミトメル**。

29 貴重品をフロントに**アズケル**。

30 信頼関係を**キズク**ように努力する。

31 トーナメント初戦で**ヤブレル**。

32 すぐ**トケル**問題からやりなさい。

33 操作を**アヤマル**と一大事だ。

34 相手の言い分を**シリゾケル**。

35 荒れた田畑を**タガヤス**。

36 炊けたご飯をしばらく**ムラス**。

37 舟べりからつり糸を**タラス**。

38 代案を**アラタニ**作成した。

39 **サイワイ**最終列車に間に合った。

40 日が暮れて**アタリ**が暗くなった。

41 郊外に屋敷を**カマエル**。

42 上体をゆっくりと後ろに**ソラシ**た。

43 ようやく考えが**カタマッ**た。

44 先達に**シタガッ**て山を登る。

45 険しい山々が**ツラナッ**ている。

46 人と激しく**アラソウ**。

47 **ホガラカニ**晴れわたった秋空だ。

48 契約の解除を**ツゲル**。

49 他に**クラベル**ものがないくらいだ。

50 父が一家五人を**ヤシナウ**。

ワンポイント

● **送りがなのつけ方に気をつけよう！** (1)

送りがなは、漢字の読みを明確にするために重要なものである。

① 活用のある語（動詞・形容詞・形容動詞）は、基本的に活用語尾を送る。

② 名詞には送りがなをつけない。

漢字力がつく

○語幹が「**し**」で終わる形容詞は、「**し**」から送る。例 著しい　惜しい　悔しい　恋しい

○活用語尾の前に「**か、やか、らか**」を含む形容動詞は、その音節から送る。例 暖かだ　穏やかだ　柔らかだ

32 漢字と送りがな ②

——漢文を日本語風の読みにするための助詞・助動詞が送りがなの起こり

合格	もう一歩	がんばれ
(50〜35)	(34〜26)	(25〜)

得点

● 次の——線のカタカナを漢字一字と送りがな（ひらがな）に直せ。

〈例〉 門を**アケル**。（開ける）

□ 1 **ココロヨイ**眠りに引き込まれた。（　　）
□ 2 思いがけない**ワザワイ**に遭った。（　　）
□ 3 頭から冷たい水を**アビセル**。（　　）
□ 4 独創性に**スグレタ**人を求める。（　　）
□ 5 やましいことは**マッタク**ない。（　　）
□ 6 寄付を**シイル**ことはよくない。（　　）
□ 7 体重を**ヘラス**ことを考えている。（　　）
□ 8 **ニガリ**切った顔で黙っている。（　　）
□ 9 真の腕前が**タメサ**れる機会だ。（　　）
□ 10 日没までに畑の手入れを**スマス**。（　　）
□ 11 式は**オゴソカニ**挙行された。（　　）
□ 12 公園のベンチに**スワル**。（　　）
□ 13 ついに**ヨロコバシイ**知らせが来た。（　　）

□ 14 十年ぶりに母校を**タズネル**。（　　）
□ 15 **ヤサシイ**練習曲を弾く。（　　）
□ 16 弟が口をへの字に**マゲル**。（　　）
□ 17 子供たちが**スコヤカニ**成長した。（　　）
□ 18 夜ふけまで友人と**カタラウ**。（　　）
□ 19 お互いに**ココロザス**ことが異なる。（　　）
□ 20 ご恩に**ムクイル**ようにいたします。（　　）
□ 21 考え方が**オサナイ**と批判される。（　　）
□ 22 計画を貫き通す人は**スクナイ**。（　　）
□ 23 父といっしょに家業を**イトナム**。（　　）
□ 24 長い髪をリボンで**ユワエル**。（　　）
□ 25 坂を上り切ると**タイラナ**所に出た。（　　）
□ 26 ライブの感想を**ノベル**。（　　）

□ 27 先方からの返事をタシカメル。

□ 28 流れにサカラッて進む。

□ 29 入り海にノゾム漁村だ。

□ 30 一家をササエル大黒柱だ。

□ 31 本当かどうかウタガワシイ。

□ 32 法のサバキを受ける。

□ 33 タダチニ出発の用意をせよ。

□ 34 上り坂で道はケワシクなる。

□ 35 記事は事実にモトヅイている。

□ 36 新たに支店をモウケル。

□ 37 悪天候で開催がアヤブマれる。

□ 38 勇気をもって誘惑をシリゾケル。

□ 39 赤ん坊の寝顔はヤスラカダ。

□ 40 冬鳥が湖に姿をアラワス。

□ 41 夕焼けが西の空を紅にソメル。

□ 42 彼は少々アツカマシイ。

□ 43 損失をオギナッてなお余りがある。

□ 44 古い制度をアラタメル。

□ 45 中国の経済成長はイチジルシイ。

□ 46 燃えサカル火の手に立ちすくむ。

□ 47 姉は春から銀行にツトメル。

□ 48 砂糖にムラガルアリのようだ。

□ 49 卒業後はヒサシク会っていない。

□ 50 迷惑をかけたと自らをセメル。

ワンポイント

● 送りがなのつけ方に気をつけよう！(2)

③ 転成名詞や、接尾語がついて名詞になったものは、もとの語の送り方に従う。

例 動き・代わり・大きさ

④ 副詞・連体詞・接続詞は最後の音節を送る。

例 必ず・更に・少し

漢字力がつく

「送り仮名の付け方」(昭和五十六年内閣告示)などを参考にして、送りがなのつけ方の基本(本則)を身につけるよう努力しよう。この問題集の「ワンポイント」でだいたいの内容が理解できる。

実戦模擬テスト (1)

解答には、常用漢字の旧字体や表外漢字および常用漢字音訓表以外の読みを使ってはいけない。

時間 60分
合格点 140/200
得点

(一) 次の――線の漢字の読みをひらがなで記せ。 (30) 1×30

1 学習した漢詩を**朗詠**する。（　）
2 美術館を巡り、**審美眼**を養う。（　）
3 保護者の**承諾**が必要だ。（　）
4 即戦力になる経験者は**優遇**される。（　）
5 食後の歯みがきを**励行**する。（　）
6 日本文化の**神髄**に触れる。（　）
7 大豆を**発酵**させてみそを造る。（　）
8 工事現場で**犠牲**者が出た。（　）
9 様々な条件を**勘案**する。（　）
10 南北に**縦貫**する幹線道路だ。（　）
11 盛大な**祝宴**に招かれた。（　）
12 応援で士気を**高揚**させる。（　）

(二) 次の――線のカタカナにあてはまる漢字をそれぞれのア～オから一つ選び、記号で答えよ。 (30) 2×15

1 期待と不安が交**サク**する。（　）
2 不況に対する施**サク**が必要だ。（　）
3 会社の人員を**サク**減する。（　）
（ア錯　イ昨　ウ作　エ策　オ削）

4 職務**タイ**慢だと非難される。（　）
5 新しい力の**タイ**動を感じさせる。（　）
6 昼夜交**タイ**の勤務だ。（　）
（ア耐　イ胎　ウ待　エ怠　オ替）

7 育児休**カ**をとる。（　）
8 強風で鉄道の**カ**線が切れた。（　）
9 子供から大人への**カ**渡期にある。（　）
（ア過　イ架　ウ可　エ暇　オ華）

(四) 熟語の構成のしかたには次のようなものがある。 (20) 2×10

ア 同じような意味の漢字を重ねたもの（**岩石**）
イ 反対または対応の意味を表す字を重ねたもの（**高低**）
ウ 上の字が下の字を修飾しているもの（**洋画**）
エ 下の字が上の字の目的語・補語になっているもの（**着席**）
オ 上の字が下の字の意味を打ち消しているもの（**非常**）

次の熟語は右のア～オのどれにあたるか、一つ選び、記号で答えよ。

1 稚魚（　）
2 不詳（　）
3 濃紺（　）
4 遵法（　）
5 功罪（　）
6 衝突（　）
7 抑揚（　）
8 炊飯（　）
9 清純（　）
10 隠匿（　）

13 会費の滞納で資格を失う。（　　）
14 図書館の閲覧室にいる。（　　）
15 最先端治療で病気を克服する。（　　）

16 郊外に住居を移す。（　　）
17 純粋な気持ちで人に接する。（　　）
18 仕事を片付けて休憩する。（　　）
19 事業の概要を説明した。（　　）
20 袋から財布を取り出した。（　　）
21 庭先に菊の花が咲いた。（　　）
22 両者の実力は甲乙つけがたい。（　　）

23 名人の誉れの高い人だ。（　　）
24 友の言葉に慰められた。（　　）
25 粋な着物姿の男性が来る。（　　）
26 長年の研究を書物に著す。（　　）
27 親子の考えに隔たりがあった。（　　）

28 小豆がゆをいただいた。（　　）
29 大雨でがけ崩れが起きた。（　　）
30 最寄りの駅までは五分です。（　　）

10 試験の前には緊チョウする。（　　）
11 会費をチョウ収する。（　　）
12 演奏会のチョウ衆は感動した。（　　）
（ア張　イ帳　ウ徴　エ聴　オ彫）

13 婚約したことをフせておく。（　　）
14 支出をおさえて貯金をフやす。（　　）
15 事実をフまえて言う。（　　）
（ア殖　イ振　ウ踏　エ触　オ伏）

(三)

1～5の三つの□に**共通する漢字**を入れて熟語を作れ。漢字は**ア～コ**から**一つ**選び、**記号**で答えよ。

(10) 2×5

1 合□・車□・□握（　　）
2 □争・内□・□失（　　）
3 □却・投□・□権（　　）
4 □略・陰□・策□（　　）
5 転□・□算・互□性（　　）

ア闘	イ棄	ウ概	エ掌	オ覆
カ戦	キ謀	ク脱	ケ換	コ紛

(五)

次の漢字の**部首**を**ア～エ**から**一つ**選び、**記号に○**をせよ。

(10) 1×10

1 墓（ア 艹　イ 日　ウ 八　エ ⺗）
2 隷（ア 士　イ 示　ウ 隶　エ 氺）
3 賊（ア 弋　イ 戈　ウ 目　エ 貝）
4 幹（ア 十　イ 干　ウ 日　エ 𠆢）
5 更（ア 一　イ 日　ウ 田　エ 人）
6 掌（ア ⺍　イ 冖　ウ 口　エ 手）
7 企（ア ノ　イ ト　ウ 𠆢　エ 止）
8 譲（ア 言　イ 亠　ウ 衣　エ 口）
9 糧（ア 米　イ 米　ウ 日　エ 里）
10 彫（ア 彡　イ 土　ウ 口　エ 冂）

(六) 後の□内のひらがなを漢字に直して□に入れ、対義語・類義語を作れ。□内のひらがなは一度だけ使い、( )に一字記入せよ。 (20) 2×10

対義語

1 安定—□揺 ( )
2 需要—供□ ( )
3 進展—□滞 ( )
4 起床—□寝 ( )
5 利益—□害 ( )

類義語

6 賢明—□口 ( )
7 解雇—免□ ( )
8 漂泊—□浪 ( )

(八) 文中の四字熟語の——線のカタカナを漢字に直し、( )に二字記入せよ。 (20) 2×10

1 シンシュツ鬼没の早業《わざ》だ。 ( )
2 ささいな一言でギシン暗鬼になった。 ( )
3 フクザツ怪奇な難事件が相次ぐ。 ( )
4 事件はシュウジン環視の中で起きた。 ( )
5 事件後にリュウゲン飛語が広まった。 ( )
6 臨機オウヘンの処置を取る。 ( )
7 真相が判明して一件ラクチャクした。 ( )
8 奮励ドリョクして目標を達成した。 ( )

(十) 次の——線のカタカナを漢字に直せ。 (40) 2×20

1 今年度の予算がヘンセイされた。 ( )
2 事業のカクチョウを目指す。 ( )
3 病状はショウコウを保っている。 ( )
4 学校でウサギをシイクしている。 ( )
5 芸風にエンジュク味が出てきた。 ( )
6 調査は全国的なキボで行われた。 ( )
7 商品代にはショウヒゼイが含まれる。 ( )
8 送料は当方でフタンします。 ( )
9 表通りに店のカンバンを出した。 ( )
10 感知式のボウハンカメラを設置した。 ( )

9 団結—結□（　　）

10 熱狂—興□（　　）

きゅう・しゅう・しょく
そく・そん・てい・どう
ふん・ほう・り

(七) 次の——線のカタカナを漢字一字と送りがな(ひらがな)に直せ。 (10) 2×5

〈例〉 問題にコタエル。(答える)

1 子供たちはスコヤカニ育っている。（　　）

2 強い風にサカラッて走る。（　　）

3 年上の人をウヤマウ心は大切だ。（　　）

4 儀式はオゴソカニ挙行された。（　　）

5 畑をタガヤシて種をまく。（　　）

9 知者と言えども千慮イッシツはある。（　　）

10 穏やかで明鏡シスイの心境だ。（　　）

(九) 次の各文にまちがって使われている同じ読みの漢字が一字ある。上に誤字を、下に正しい漢字を記せ。 (10) 2×5

1 仕事で海外に維住していた兄が久しぶりに帰国し、家族で食卓を囲んだ。（　　）（　　）

2 地元住民は、観光客のための底引き網体験導入に厚い視線を送った。（　　）（　　）

3 景気の回復が思わしくなく、市場は依然として抵迷状態が続いている。（　　）（　　）

4 古代違跡から発掘された黄金の仮面が、博物館に展示されている。（　　）（　　）

5 大臣からの諮問を受けて、審議会は近く答信案を提出することにした。（　　）（　　）

11 神社のトリイをくぐって参拝する。（　　）

12 作家のオい立ちを調べる。（　　）

13 朝からハイイロの曇り空だ。（　　）

14 予想外の苦戦をシいられた。（　　）

15 お湯をサましてお茶をいれる。（　　）

16 大根をワギりにして煮込む。（　　）

17 決戦に備えて作戦をネり直す。（　　）

18 庭でシバフの手入れをする。（　　）

19 手サげかばんを持って行く。（　　）

20 住み慣れた土地を立ちノく。（　　）

実戦模擬テスト ⑵

解答には、常用漢字の旧字体や表外漢字および常用漢字音訓表以外の読みを使ってはいけない。

時間	合格点	得点
60分	140/200	

(一) 次の——線の**漢字の読み**を**ひらがな**で記せ。 (30) 1×30

1 売上を**帳簿**に記入する。 (　　)
2 写真クラブの**撮影会**に参加した。 (　　)
3 創業者の記念**碑**がある。 (　　)
4 人権**擁護**のために活躍する。 (　　)
5 双方は**納得**して話を決めた。 (　　)
6 望遠鏡の**焦点**を合わせる。 (　　)
7 会社の**顧問**に相談した。 (　　)
8 地震で建物が**崩壊**した。 (　　)
9 水色の**封筒**で手紙を送る。 (　　)
10 準備**万端**整えて時を待つ。 (　　)
11 約束を一方的に**破棄**する。 (　　)
12 夜もにぎやかな**繁華街**だ。 (　　)
13 火事の原因は**漏電**とみられる。 (　　)
14 酸素が不足して**窒息**する。 (　　)

(二) 次の——線の**カタカナ**にあてはまる漢字をそれぞれの**ア〜オ**から**一つ**選び、**記号**で答えよ。 (30) 2×15

1 一年の期限付きで**コ**用された。 (　　)
2 話が**コ**張されて伝わった。 (　　)
3 打球は大きな**コ**を描いて飛んだ。 (　　)
(ア弧　イ孤　ウ雇　エ枯　オ誇)

4 諸般の事情を**カン**案して決める。 (　　)
5 終始一**カン**して平和を唱えた。 (　　)
6 強敵に**カン**然として立ち向かう。 (　　)
(ア敢　イ勧　ウ貫　エ喚　オ勘)

7 数**セキ**の客船が停泊している。 (　　)
8 他球団に移**セキ**することになった。 (　　)
9 過激な集団を排**セキ**する。 (　　)
(ア隻　イ席　ウ籍　エ斥　オ跡)

(四) **熟語の構成**のしかたには次のようなものがある。 (20) 2×10

ア 同じような意味の漢字を重ねたもの (**岩石**)
イ 反対または対応の意味を表す字を重ねたもの (**高低**)
ウ 上の字が下の字を修飾しているもの (**洋画**)
エ 下の字が上の字の目的語・補語になっているもの (**着席**)
オ 上の字が下の字の意味を打ち消しているもの (**非常**)

次の熟語は右の**ア〜オ**のどれにあたるか、**一つ**選び、**記号**で答えよ。

1 徐行 (　　)
2 添削 (　　)
3 封鎖 (　　)
4 撮影 (　　)
5 虚実 (　　)
6 不審 (　　)
7 離脱 (　　)
8 漏電 (　　)
9 芳香 (　　)
10 消滅 (　　)

15 **巧妙**な手口に舌を巻いた。（　　）
16 誤りの箇所を**訂正**する。（　　）
17 ホテルの**喫茶**室で落ち合う。（　　）
18 長い**耐乏**生活から抜け出した。（　　）
19 社内での**紛争**はやっと収まった。（　　）
20 パスポートを**申請**する。（　　）
21 ヨットの**帆柱**を立てる。（　　）
22 ゆるんだネジを**締**め直す。（　　）
23 多くの若者が**集**う。（　　）
24 新しい法案を今期国会に**諮**る。（　　）
25 **控**え室で面接の順番を待つ。（　　）
26 品物に礼状を**添**えて送る。（　　）
27 河原でたこを**揚**げた。（　　）
28 階下で**怪**しい物音がする。（　　）
29 お**巡**りさんに道を聞く。（　　）
30 恐ろしくて生きた**心地**がしない。（　　）

10 壁面のト装工事をする。（　　）
11 夜空に北ト七星が輝く。（　　）
12 真情をト露して訴えた。（　　）
（ア塗　イ斗　ウ渡　エ途　オ吐）

13 入選候補として三作品をオす。（　　）
14 骨身をオしまず働いてきた。（　　）
15 樹木がうっそうとオい茂っている。（　　）
（ア惜　イ押　ウ推　エ追　オ生）

（三）

1～5の三つの□に**共通する漢字**を入れて熟語を作れ。漢字は**ア～コ**から**一つ**選び、**記号**で答えよ。 (10) 2×5

1 歌□・□文・石□（　　）
2 □別・哀□・□敗（　　）
3 □劣・暗□・□問（　　）
4 □在・停□・□納（　　）
5 討□・□採・濫□（　　）

ア議	イ詞	ウ愚	エ駐	オ滞
カ離	キ惜	ク卑	ケ碑	コ伐

（五）

次の漢字の**部首**を**ア～エ**から**一つ**選び、**記号に○**をせよ。 (10) 1×10

1 殴（ア匚　イ殳　ウ几　エ又）
2 畜（ア亠　イ幺　ウ日　エ田）
3 奪（ア大　イ隹　ウ寸　エ一）
4 窒（ア宀　イ穴　ウ土　エ至）
5 隻（アノ　イ又　ウ亻　エ隹）
6 婆（ア又　イ氵　ウ皮　エ女）
7 致（アム　イ土　ウ至　エ攵）
8 膜（ア月　イ艹　ウ日　エ大）
9 勝（アカ　イ二　ウ大　エ月）
10 堂（ア小　イ口　ウ土　エ冖）

(六) 後の□内のひらがなを漢字に直して□に入れ、**対義語・類義語**を作れ。□内のひらがなは一度だけ使い、( )に**一字記入**せよ。 (20) 2×10

対義語

1 軽率―慎□ ( )

2 孤立―□帯 ( )

3 固定―□動 ( )

4 冒頭―□尾 ( )

5 独創―□倣 ( )

類義語

6 加勢―□援 ( )

7 永遠―恒□ ( )

8 憶測―□量 ( )

(八) 文中の**四字熟語**の――線の**カタカナを漢字**に直し、( )に**二字記入**せよ。 (20) 2×10

1 **コック勉励**して大志を果たす。 ( )

2 言うことが**ガデン引水**に過ぎる。 ( )

3 人々は**イク同音**に反対を唱えた。 ( )

4 事業は**ジュンプウ満帆**の勢いだ。 ( )

5 **エンテン滑脱**な対応ぶりだ。 ( )

6 異論百出で**百家ソウメイ**の観だ。 ( )

7 すぐに**フワ雷同**する性格だ。 ( )

8 政界は**離合シュウサン**を繰り返す。 ( )

(十) 次の――線の**カタカナ**を**漢字**に直せ。 (40) 2×20

1 委員長への**シュウニン**が決まった。 ( )

2 情勢に対して**テキセツ**に対処する。 ( )

3 **リンジ**国会が召集された。 ( )

4 日本新記録を**ジュリツ**した。 ( )

5 国連への**カメイ**が認められた。 ( )

6 中止するのは**トクサク**ではない。 ( )

7 非常の際に安全**ソウチ**が働く。 ( )

8 前回と比べて**カクダン**に進歩した。 ( )

9 **キヒン**のある女性になる。 ( )

10 市長選の**コウホ**が出そろった。 ( )

9 老練―円□　（　）

10 日常―平□　（　）

おう・きゅう・じゅく
すい・そ・ちょう・へん
まつ・も・れん

(七) 次の――線の**カタカナ**を**漢字一字**と**送りがな（ひらがな）**に直せ。　(10) 2×5

〈例〉問題に**コタエル**。（答える）

1 互いに得意な技を**キソイ**合った。　（　）

2 定年退職で会社を**ヤメル**。　（　）

3 新人の台頭が**イチジルシイ**。　（　）

4 難しい事件を見事に**サバイ**た。　（　）

5 いつも**ホガラカナ**一家だ。　（　）

9 作品に**創意クフウ**の跡が見られた。　（　）

10 和装の似合う**ヨウシ端麗**なモデルだ。　（　）

(九) 次の各文にまちがって使われている**同じ読みの漢字**が**一字**ある。**上に誤字**を、**下に正しい漢字**を記せ。　(10) 2×5

1 無謀な行動に走らず、常に摂度のある行動をとるように希望する。　（　）（　）

2 空港機能の増強と騒音問題の解決を図るため、沖合に移転して拡長する。　（　）（　）

3 幅広い画面と高度な解像力を兼ね備えた監旨カメラが開発された。　（　）（　）

4 現役として最後の試合で改心の逆転打を放ち、有終の美を飾った。　（　）（　）

5 互いに気の澄むまで語り合って、長い間の誤解や不信が解消した。　（　）（　）

11 晴れ着姿を鏡に**ウツ**す。　（　）

12 縁側に**スワ**って月を見上げる。　（　）

13 保健室に**キズグスリ**を置いている。　（　）

14 母親に**ニ**て明るい子だ。　（　）

15 この辺が**シオドキ**と引き下がる。　（　）

16 係員は**スミ**やかに対応した。　（　）

17 健康を**タモ**つよう心がける。　（　）

18 夕日が西空を**クレナイ**に染めた。　（　）

19 おつりのために**コゼニ**を用意する。　（　）

20 山里に**シグレ**が降り出した。　（　）

実戦模擬テスト ⑶

解答には、常用漢字の旧字体や表外漢字および常用漢字音訓表以外の読みを使ってはいけない。

時間 60分　合格点 140/200　得点

(一) 次の――線の**漢字の読み**を**ひらがな**で記せ。 (30) 1×30

1 印刷前に原稿の**校閲**をする。
2 格差の拡大を**憂慮**する。
3 規制の**緩和**を求める。
4 厳重な警戒で**金塊**を運ぶ。
5 幼児への**虐待**は許せない。
6 選挙ポスターを**掲示**する。
7 容疑者を**拘束**する。
8 単なる**幻想**にすぎない。
9 困難を**克服**して成功した。
10 能力の**伸張**をはかる。
11 買った店で**修繕**してもらう。
12 事件後に**匿名**の投書があった。
13 山間の静かな**湖畔**の宿だ。
14 時計は午前**零時**を指していた。

(二) 次の――線の**カタカナ**にあてはまる漢字をそれぞれの**ア～オ**から**一つ**選び、**記号**で答えよ。 (30) 2×15

1 加工食品を冷**トウ**で保存する。
2 料理を**トウ**器の皿にもる。
3 無色**トウ**明の液体である。
（ア陶　イ透　ウ唐　エ痘　オ凍）

4 試合は**エン**天の下で始まった。
5 祝**エン**に招待された。
6 父の**エン**故で就職した。
（ア縁　イ宴　ウ炎　エ延　オ援）

7 濃**コン**のスーツに身を包む。
8 何か**コン**胆のありそうな顔だ。
9 めでたく**コン**礼の儀が整った。
（ア墾　イ恨　ウ魂　エ紺　オ婚）

(四) **熟語の構成**のしかたには次のようなものがある。 (20) 2×10

ア　同じような意味の漢字を重ねたもの　（**岩石**）
イ　反対または対応の意味を表す字を重ねたもの　（**高低**）
ウ　上の字が下の字を修飾しているもの　（**洋画**）
エ　下の字が上の字の目的語・補語になっているもの　（**着席**）
オ　上の字が下の字の意味を打ち消しているもの　（**非常**）

次の熟語は右の**ア～オ**のどれにあたるか、**一つ**選び、**記号**で答えよ。

1 未遂
2 粗品
3 捕鯨
4 運搬
5 哀歓
6 緩急
7 安穏
8 催眠
9 排斥
10 魔力

15 激しい野次で演説が**妨害**された。（　　）
16 登山者が**遭難**した。（　　）
17 大学の研究員を**委嘱**された。（　　）
18 二国間の**緊密**な関係を保つ。（　　）
19 おみくじは**吉**と出た。（　　）
20 海上に**波浪**警報が出る。（　　）
21 岩の**裂**け目から水が出ている。（　　）
22 秘密を**漏**らしてはいけない。（　　）
23 シャツを脱いで**裸**になる。（　　）
24 稲の**穂**が垂れている。（　　）
25 除夜の**鐘**の音が聞こえる。（　　）
26 すぐに現場に**赴**く。（　　）
27 民芸品を**商**う店だ。（　　）
28 仕事に差し**支**える。（　　）
29 勝敗の**行方**を占う。（　　）
30 包丁を**研**いで料理にかかる。（　　）

10 なかなか気**ガイ**のある人物だ。（　　）
11 しみじみと深い感**ガイ**に浸る。（　　）
12 どの項目にも**ガイ**当する。（　　）
（ア慨　イ該　ウ街　エ概　オ外）

13 十分に対抗し**ウ**る実力だ。（　　）
14 客席はすでに**ウ**まっていた。（　　）
15 部品の製造を下**ウ**けに出す。（　　）
（ア浮　イ埋　ウ得　エ産　オ請）

(三) 1～5の三つの□に**共通する漢字**を入れて熟語を作れ。漢字は**ア～コ**から**一つ**選び、**記号**で答えよ。 (10) 2×5

1 分□・破□・□傷（　　）
2 実□・□設・□策（　　）
3 □数・□像・配□者（　　）
4 縁□・喚□・□伏（　　）
5 □声・南□・野□（　　）

ア起	イ断	ウ裂	エ台	オ況
カ歓	キ蛮	ク奇	ケ施	コ偶

(五) 次の漢字の**部首**を**ア～エ**から**一つ**選び、**記号に○**をせよ。 (10) 1×10

1 励（ア厂　イノ　ウカ　エ刀）
2 幼（アノ　イム　ウ幺　エ糸）
3 廉（ア广　イ厂　ウ八　エ木）
4 暫（ア車　イ斤　ウ日　エ口）
5 卸（アノ　イ卩　ウ止　エ缶）
6 豚（ア月　イ一　ウ亅　エ豕）
7 菊（ア艹　イノ　ウ勹　エ米）
8 啓（ア戸　イ尸　ウ攵　エ口）
9 題（ア日　イ頁　ウ疋　エハ）
10 卑（アノ　イ日　ウ田　エ十）

(六)

後の□内のひらがなを漢字に直して□に入れ、**対義語・類義語**を作れ。□内のひらがなは一度だけ使い、（　）に**一字記入**せよ。 (20) 2×10

対義語

1 消費―生□　（　）
2 稀薄―濃□　（　）
3 発生―□滅　（　）
4 束縛―解□　（　）
5 概略―詳□　（　）

類義語

6 承知―了□　（　）
7 薄情―□淡　（　）
8 基盤―根□　（　）

(八)

文中の**四字熟語**の――線の**カタカナ**を**漢字**に直し、（　）に**二字記入**せよ。 (20) 2×10

1 王は**セイサツ与奪**の権を握っている。（　）
2 計画を**ヨウイ周到**に立てた。（　）
3 情報の**シュシャ選択**が必要だ。（　）
4 満ち足りた**ダンイ飽食**の暮らし。（　）
5 記者会見で**トウイ即妙**に応答する。（　）
6 **キキ一髪**のところで救出された。（　）
7 幸・不幸は**因果オウホウ**によるという。（　）
8 部下に背かれ、**孤城ラクジツ**の有り様だ。（　）

(十)

次の――線の**カタカナ**を**漢字**に直せ。 (40) 2×20

1 妙案を得て、**サッソク**試してみた。（　）
2 こまめに**スイトウ**簿をつける。（　）
3 デザインの**ルイジ**点を指摘された。（　）
4 担当者と相談して**ゼンショ**する。（　）
5 会社**ホウモン**のための準備をする。（　）
6 住んでいる地域の**カンシュウ**に従う。（　）
7 常に**メイロウ**で快活な青年だ。（　）
8 米・麦などの**コクモツ**を主食とする。（　）
9 営々と努力したが**トロウ**に終わった。（　）
10 講演者の考えに**キョウメイ**した。（　）

9 傍観―□視（　　）

10 思慮―分□（　　）

かい・こう・ざ・さい さん・しょう・てい べつ・ほう・れい

(七) 次の――線のカタカナを**漢字一字と送りがな(ひらがな)**に直せ。 (10) 2×5

〈例〉 問題にコタエル。（答える）

1 産業が発展し、国がサカエル。（　　）

2 不測のワザワイに巻き込まれた。（　　）

3 食糧を蓄えて地震にソナエル。（　　）

4 厳しい質問をアビセられた。（　　）

5 大会はイサマシイマーチで始まった。（　　）

9 前途ユウボウな若者だ。（　　）

10 結束が乱れ、シブン五裂の状態だ。（　　）

(九) 次の各文にまちがって使われている**同じ読みの漢字**が**一字**ある。**上に誤字**を、**下に正しい漢字**を記せ。 (10) 2×5

1 古都の仏教建築が人類の至宝と標価され、世界遺産に登録された。（　）（　）

2 歌を歌うことは精神の働きを高め、身体の器能の維持や回復に役立つ。（　）（　）

3 海外の学術研究の重大な資料を速やかに翻約して、分野別に紹介する。（　）（　）

4 緊急課題の解決には、長期的な幅広い思野で検討することが重要だ。（　）（　）

5 来年度の活躍を期し、体調を整えて春期キャンプに望んだ。（　）（　）

11 法によって国をオサめる。（　　）

12 ゆっくり休んで英気をヤシナう。（　　）

13 牧場で乳牛をカっている。（　　）

14 勝利のメガミがほほ笑んだ。（　　）

15 隣村とのサカイに地蔵堂がある。（　　）

16 夏休みもアマすところあと三日だ。（　　）

17 目のカタキにして憎み続けた。（　　）

18 解答をミチビく重要なヒントだ。（　　）

19 笑うときれいなハナラびが見える。（　　）

20 遠足に適したよいヒヨリだ。（　　）

実戦模擬テスト (4)

解答には、常用漢字の旧字体や表外漢字および常用漢字音訓表以外の読みを使ってはいけない。

時間 60分
合格点 140/200
得点

(一) 次の――線の**漢字の読み**を**ひらがな**で記せ。 (30) 1×30

1 多大な収穫を上げた。( )
2 四月に渡欧する予定だ。( )
3 国会に証人を喚問する。( )
4 大地震の脅威を恐れる。( )
5 出費を倹約して貯金する。( )
6 荒れ地を開墾する。( )
7 中間搾取の疑いがある。( )
8 社会の福祉に役立てる。( )
9 前方後円の墳墓が造られた。( )
10 床の間に水墨画を掛ける。( )
11 建築用材の伐採をする。( )
12 予算の膨張を食い止める。( )
13 道路の凍結で事故が起きた。( )
14 定められた法令を遵守する。( )
15 退職後は慈善事業に携わる。( )

(二) 次の――線の**カタカナ**にあてはまる漢字をそれぞれの**ア〜オ**から**一つ**選び、**記号**で答えよ。 (30) 2×15

1 広い場所をセン有している。( )
2 新製品をテレビでセン伝する。( )
3 犯人が市内にセン伏している。( )
(ア宣　イ占　ウ専　エ鮮　オ潜)

4 多額のフ債を抱えている。( )
5 海外の支店にフ任した。( )
6 供述内容は事実とフ合した。( )
(ア負　イ浮　ウ普　エ符　オ赴)

7 熱弁だが、中身が空キョな話だ。( )
8 十分な根キョを示して言う。( )
9 具体例を列キョして説明する。( )
(ア拠　イ去　ウ挙　エ許　オ虚)

(四) **熟語の構成**のしかたには次のようなものがある。 (20) 2×10

ア　同じような意味の漢字を重ねたもの　（**岩石**）
イ　反対または対応の意味を表す字を重ねたもの　（**高低**）
ウ　上の字が下の字を修飾しているもの　（**洋画**）
エ　下の字が上の字の目的語・補語になっているもの　（**着席**）
オ　上の字が下の字の意味を打ち消しているもの　（**非常**）

次の熟語は右の**ア〜オ**のどれにあたるか、**一つ**選び、**記号**で答えよ。

1 締結( )
2 廉売( )
3 不滅( )
4 濫用( )
5 膨張( )
6 駐車( )
7 解凍( )
8 新鮮( )
9 賢愚( )
10 優劣( )

16 青春の**哀感**を描いた映画だ。（　　）
17 この絵は**佳作**に選ばれた。（　　）
18 栄養価の高い**鶏卵**を売る。（　　）
19 合宿で**炊事**当番になった。（　　）
20 **赦免**されて自由の身となった。（　　）
21 足元に気をつけて**浅瀬**を渡る。（　　）
22 締め切りに**辛**うじて間に合った。（　　）
23 年とともに体力も**衰**える。（　　）
24 舞台は想像を**超**える迫力だった。（　　）
25 雨模様で**蒸**し暑い一日だった。（　　）
26 怒りを**抑**えて我慢した。（　　）
27 寸暇を**惜**しんで働く。（　　）
28 彼女の応援が**励**みになる。（　　）
29 事の**次第**を説明した。（　　）
30 旅先で母への**土産**を買う。（　　）

10 人権の**ヨウ**護に努める。（　　）
11 父は趣味で**ヨウ**曲を始めた。（　　）
12 心の動**ヨウ**は隠せなかった。（　　）
（ア溶　イ謡　ウ揺　エ擁　オ踊）

13 馬が驚いて**ハ**ね上がった。（　　）
14 弱音を**ハ**くのはやめよう。（　　）
15 境内をきれいに**ハ**き清める。（　　）
（ア果　イ吐　ウ跳　エ掃　オ張）

（三） 1～5の三つの□に**共通する漢字**を入れて熟語を作れ。漢字は**ア～コ**から**一つ**選び、**記号**で答えよ。 (10) 2×5

1 □越・□見・食□（　　）
2 □圧・重□・□魂（　　）
3 □待・自□・残□（　　）
4 心□・□狂・陶□（　　）
5 抱□・□立・□護（　　）

ア酔	イ霊	ウ卓	エ歓	オ擁
カ負	キ鎮	ク弾	ケ超	コ虐

（五） 次の漢字の**部首**を**ア～エ**から**一つ**選び、**記号に〇**をせよ。 (10) 1×10

1 **撃**（ア車　イ殳　ウ又　エ手）
2 **墾**（ア土　イ⺤　ウ豸　エ艮）
3 **衡**（ア彳　イ二　ウ行　エ里）
4 **貫**（ア一　イ毋　ウ目　エ貝）
5 **催**（アノ　イ山　ウ亻　エ隹）
6 **苗**（ア一　イ艹　ウ日　エ田）
7 **宴**（ア宀　イ日　ウ一　エ女）
8 **蛮**（ア亠　イ八　ウ虫　エ赤）
9 **香**（ア香　イ禾　ウ木　エ日）
10 **遵**（ア西　イ酉　ウ寸　エ辶）

(六)

後の□内のひらがなを漢字に直して□に入れ、**対義語・類義語**を作れ。□内のひらがなは一度だけ使い、（　）に**一字記入**せよ。 (20) 2×10

対義語

1 破損—□繕（　）

2 倹約—浪□（　）

3 反抗—服□（　）

4 中止—継□（　）

5 強固—□弱（　）

類義語

6 永眠—□界（　）

7 盛衰—興□（　）

8 手腕—技□（　）

(八)

文中の**四字熟語**の——線の**カタカナ**を**漢字**に直し、（　）に**二字記入**せよ。 (20) 2×10

1 信条のかたい**シソウ堅固**な人だ。（　）

2 **テンイ無縫**な人柄が愛される。（　）

3 日々努力して**コウキ到来**を待つ。（　）

4 相手は**大胆フテキ**な行動に出た。（　）

5 忠告を**バジ東風**に聞き流すな。（　）

6 師は**巧言レイショク**を憎んだ。（　）

7 **博学タサイ**で話題豊富な先生だ。（　）

8 **無病ソクサイ**を祈願する。（　）

(十)

次の——線の**カタカナ**を**漢字**に直せ。 (40) 2×20

1 努力して**ギャッキョウ**を乗り越えた。（　）

2 品質には**テイヒョウ**のある店だ。（　）

3 実力を**ハッキ**して快勝した。（　）

4 少年が活躍する**ツウカイ**な物語だ。（　）

5 スポーツの**ゲッカン**誌を読んでいる。（　）

6 外見に比して**ヒンジャク**な中身だ。（　）

7 批評家の**ゼッサン**を受けた秀作だ。（　）

8 資料を**ホソク**して説明した。（　）

9 立候補者が**ガイトウ**演説をしている。（　）

10 事例は**マイキョ**にいとまがない。（　）

9 嘱望——□待 (　　)
10 明白——□然 (　　)

き・しゅう・じゅう
ぞく・た・はく・ひ
ぼう・りょう・れき

(七) 次の——線のカタカナを漢字一字と送りがな(ひらがな)に直せ。 (10) 2×5

〈例〉 問題にコタエル。 (答える)

1 飯を三杯もタイラゲた。 (　　)
2 当地の特産品をアキナウ店だ。 (　　)
3 ワレルような拍手で迎えられた。 (　　)
4 事実かどうかウタガワシイ。 (　　)
5 滞在期間をチヂメて早く帰る。 (　　)

9 久し振りの再会で感慨ムリョウだ。 (　　)
10 本心を隠して面従フクハイする。 (　　)

(九) 次の各文にまちがって使われている同じ読みの漢字が一字ある。上に誤字を、下に正しい漢字を記せ。 (10) 2×5

1 湖畔に群れ集う水鳥の生待を撮影して、写真集として出版した。 (　　)(　　)
2 広範囲に宣伝活動を転開したが、期待したほどの効果はなかった。 (　　)(　　)
3 巨匠は美しい色張と和洋の魅力をあわせ持つ筆致とで、壁画を仕上げた。 (　　)(　　)
4 最近増加している糖尿病は、典形的な生活習慣病である。 (　　)(　　)
5 外国人に、茶道・華道や織り紙などを通して日本の文化を紹介する。 (　　)(　　)

11 商品にネフダをつける。 (　　)
12 時をウツさずに実行した。 (　　)
13 キツネは人をバかすという。 (　　)
14 量販店でワリヤスの品を買った。 (　　)
15 清らかなイズミの水を味わう。 (　　)
16 マトハズれの質問で相手にされない。 (　　)
17 何かユエあっての出家であろう。 (　　)
18 たくましいワコウドの祭典だ。 (　　)
19 悔しそうにシタウちをした。 (　　)
20 会社ではフルカブになった。 (　　)

実戦模擬テスト ⑸

解答には、常用漢字の旧字体や表外漢字および常用漢字音訓表以外の読みを使ってはいけない。

時間 60分

合格点 140/200

得点

(一)

次の――線の**漢字の読み**を**ひらがな**で記せ。 (30) 1×30

1 一点を**凝視**してまじろがない。（　　）
2 在学中は**山岳**部に属していた。（　　）
3 責任の**転嫁**は許せない。（　　）
4 窓を開けて**換気**する。（　　）
5 多くの**炭坑**は閉鎖された。（　　）
6 打球は**弧**を描いて飛んでいった。（　　）
7 禁止項目に**該当**しない。（　　）
8 **陪審**制度の裁判もある。（　　）
9 違法行為で名誉を**失墜**した。（　　）
10 有害物質の**排出**を規制する。（　　）
11 **尿意**を催してトイレに行った。（　　）
12 財宝が**埋蔵**されているらしい。（　　）

(二)

次の――線の**カタカナ**にあてはまる漢字をそれぞれの**ア～オ**から**一つ**選び、**記号**で答えよ。 (30) 2×15

1 大切な指輪を**フン**失した。（　　）
2 いきなりガスが**フン**出した。（　　）
3 興**フン**して大声を上げた。（　　）
（ア 粉　イ 紛　ウ 噴　エ 墳　オ 奮）

4 情け容**シャ**なくどなりつけた。（　　）
5 緩やかな傾**シャ**の坂道だ。（　　）
6 端《は》数は四**シャ**五入で切り上げる。（　　）
（ア 捨　イ 赦　ウ 射　エ 斜　オ 謝）

7 秘蔵の金**カイ**が見つかった。（　　）
8 失敗続きで**カイ**恨の涙を流す。（　　）
9 不当な**カイ**入だと抗議する。（　　）
（ア 怪　イ 悔　ウ 塊　エ 介　オ 戒）

(四)

熟語の構成のしかたには次のようなものがある。 (20) 2×10

ア 同じような意味の漢字を重ねたもの　（**岩石**）
イ 反対または対応の意味を表す字を重ねたもの　（**高低**）
ウ 上の字が下の字を修飾しているもの　（**洋画**）
エ 下の字が上の字の目的語・補語になっているもの　（**着席**）
オ 上の字が下の字の意味を打ち消しているもの　（**非常**）

次の熟語は右の**ア～オ**のどれにあたるか、**一つ**選び、**記号**で答えよ。

1 佳作（　　）
2 霊魂（　　）
3 登壇（　　）
4 未来（　　）
5 乾湿（　　）
6 耐震（　　）
7 奇縁（　　）
8 隆盛（　　）
9 精粗（　　）
10 抜群（　　）

13 首相が**友邦**を訪問した。（　　）
14 英文の書類を**翻訳**する。（　　）
15 権利の**濫用**だと抗議した。（　　）
16 古代人は弓矢を持って**猟**に出た。（　　）
17 街の**画廊**で写真展を催す。（　　）
18 話し合って**了解**を得た。（　　）
19 会費の納入を**免除**する。（　　）
20 違法な**駐車**を取り締まる。（　　）
21 司会者に**促**されて発言した。（　　）
22 隠れ家に身を**潜**めていた。（　　）
23 優勝の歓喜に**酔**いしれる。（　　）
24 誤って**袋**小路に迷い込んだ。（　　）
25 傷口に薬を**塗**る。（　　）
26 生きた**心地**もしなかった。（　　）
27 輸入品を**扱**う店だ。（　　）
28 勝敗の**行方**を占う。（　　）
29 後始末を**怠**らない。（　　）
30 同好者の**集**いに参加した。（　　）

10 夜**イン**に紛れて逃走した。（　　）
11 政界に**イン**然たる力を持つ。（　　）
12 上皇による**イン**政の時代。（　　）
（ア因　イ陰　ウ院　エ員　オ隠）

13 心の奥深くに**ト**めておく。（　　）
14 お米を**ト**いで、ご飯を炊く。（　　）
15 逃走する犯人を**ト**らえた。（　　）
（ア研　イ採　ウ留　エ捕　オ溶）

(三) 1〜5の三つの□に**共通する漢字**を入れて熟語を作れ。漢字は**ア〜コ**から**一つ**選び、**記号**で答えよ。　(10) 2×5

1 精□・□妙・技□（　　）
2 愛□・□客・□慮（　　）
3 □縮・□張・□迫（　　）
4 難□・潔□・□口□（　　）
5 □実・危□・□志家（　　）

ア堅	イ惜	ウ癖	エ顧	オ伸
カ魂	キ巧	ク緊	ケ篤	コ儀

(五) 次の漢字の**部首**を**ア〜エ**から**一つ**選び、**記号に○**をせよ。　(10) 1×10

1 畳（ア田　イ冖　ウ目　エ一）
2 簿（ア氵　イ寸　ウ⺮　エ田）
3 某（ア一　イ木　ウ十　エ甘）
4 墓（ア艹　イ日　ウ人　エ土）
5 擁（ア隹　イ亠　ウ扌　エ幺）
6 袋（ア弋　イ亠　ウ亻　エ衣）
7 夢（ア夕　イ艹　ウ冖　エ罒）
8 藩（ア艹　イ氵　ウ田　エ釆）
9 墨（ア里　イ黒　ウ灬　エ土）
10 痘（ア广　イ疒　ウ口　エ豆）

(六) 後の□内のひらがなを漢字に直して□に入れ、**対義語・類義語**を作れ。□内のひらがなは一度だけ使い、( )に**一字記入**せよ。 (20) 2×10

対義語

1 分離―統□ ( )

2 逃亡―□跡 ( )

3 架空―実□ ( )

4 攻撃―□御 ( )

5 沈下―隆□ ( )

類義語

6 失望―□胆 ( )

7 周到―入□ ( )

8 許諾―了□ ( )

(八) 文中の**四字熟語**の――線の**カタカナ**を**漢字**に直し、( )に**二字記入**せよ。 (20) 2×10

1 人里を離れて**シンザン**幽谷に入る。 ( )

2 **キュウタイ**依然の体制を改める。 ( )

3 約束を破るとは言語**ドウダン**だ。 ( )

4 疑惑は**ウンサン**霧消した。 ( )

5 質問には**タンジュン**明快に答える。 ( )

6 一騎**トウセン**のつわものぞろいだ。 ( )

7 ハチに襲われ、**ムガ**夢中で逃げた。 ( )

8 彼は縦横**ムジン**な活躍をしている。 ( )

(十) 次の――線の**カタカナ**を**漢字**に直せ。 (40) 2×20

1 都心に**コウソウ**建築が林立している。 ( )

2 友人と料理を囲んで**ダンショウ**した。 ( )

3 緩んだ**サイフ**のひもを締め直す。 ( )

4 お手を**ハイシャク**いたします。 ( )

5 **ジシャク**を使って砂鉄を集める。 ( )

6 著名な陶芸家に**デシ**入りした。 ( )

7 詳しい説明を聞いて**ナットク**した。 ( )

8 両国の**シュノウ**が会談した。 ( )

9 腕と**ドキョウ**はだれにも負けない。 ( )

10 調査が済むまで決定を**ホリュウ**する。 ( )

9 賢明—□発（　）

10 高慢—□大（　）

き・ごう・ざい・しょう
そん・つい・ねん
ぼう・らく・り

(七) 次の——線のカタカナを漢字一字と送りがな(ひらがな)に直せ。 (10) 2×5

〈例〉 問題にコタエル。（答える）

1 朝から川岸で釣糸をタラス。（　）

2 炊けたご飯をしばらくムラス。（　）

3 オサナイときの記憶が残っている。（　）

4 思わず顔をソムケルような場面だ。（　）

5 そんなに自分をセメルことはない。（　）

9 権謀ジュッスウのわなにはまった。（　）

10 兵士は勇猛カカンに戦った。（　）

(九) 次の各文にまちがって使われている同じ読みの漢字が一字ある。上に誤字を、下に正しい漢字を記せ。 (10) 2×5

1 森林の伐採は、自然の生態形を壊して地球の温暖化を促進させる。（　）（　）

2 病院では、医療機器への影響から携体電話の電源を切る必要がある。（　）（　）

3 日本人は、米を主食にして魚介類や野菜・豆類などを複食としてきた。（　）（　）

4 心地よい潮風を素はだに受けながら、松林の続く海浜公園を散作する。（　）（　）

5 交通の取締まりは、車の延滑な走行を重視するより歩行者優先が第一だ。（　）（　）

11 遠い異国へのタビジについた。（　）

12 宅配便で品物がトドいた。（　）

13 メモリに注意して薬液を量る。（　）

14 闘志をヒめて土俵に上がる。（　）

15 気立てのヤサしい人だ。（　）

16 親の労苦にムクいる。（　）

17 説明をオギナう資料を用意する。（　）

18 祭りの夜店でワタ菓子を買った。（　）

19 登山道は急にケワしくなった。（　）

20 秋の休日にモミジ狩りに行った。（　）

実戦模擬テスト (6)

解答には、常用漢字の旧字体や表外漢字および常用漢字音訓表以外の読みを使ってはいけない。

時間 60分
合格点 140/200
得点

(一)
次の――線の**漢字の読み**を**ひらがな**で記せ。 (30) 1×30

1 政府は審議会に**諮問**した。（　　）
2 **侍女**として貴人に仕える。（　　）
3 研究課題が**多岐**にわたる。（　　）
4 若くして**陶芸**家を志す。（　　）
5 **南蛮**渡来のガラス製品だ。（　　）
6 寝食を忘れて研究に**没頭**する。（　　）
7 中古品の**廉売**会が開かれた。（　　）
8 湾内にタンカーが**停泊**している。（　　）
9 新しい職場に**赴任**した。（　　）
10 二国間で条約が**締結**された。（　　）
11 犯人は警官に**逮捕**された。（　　）
12 漁船が**漂流**している。（　　）
13 あれこれと**策謀**する。（　　）
14 国家の**隆盛**を祈念する。（　　）

(二)
次の――線の**カタカナ**にあてはまる漢字をそれぞれの**ア～オ**から**一つ**選び、**記号**で答えよ。 (30) 2×15

1 商売が**キ**道に乗り始めた。（　　）
2 レースを途中で**キ**権した。（　　）
3 新しい**キ**画が採用された。（　　）
（ア軌　イ棋　ウ岐　エ棄　オ企）

4 どんな圧力にも屈**プク**しない。（　　）
5 主将に全**プク**の信頼を寄せる。（　　）
6 高波でボートが転**プク**した。（　　）
（ア副　イ覆　ウ腹　エ伏　オ幅）

7 記念公園に有名な歌**ヒ**がある。（　　）
8 少しも**ヒ**屈になることはない。（　　）
9 長時間の労働で**ヒ**労気味だ。（　　）
（ア卑　イ疲　ウ碑　エ被　オ避）

(四)
熟語の構成のしかたには次のようなものがある。 (20) 2×10

ア 同じような意味の漢字を重ねたもの（**岩石**）
イ 反対または対応の意味を表す字を重ねたもの（**高低**）
ウ 上の字が下の字を修飾しているもの（**洋画**）
エ 下の字が上の字の目的語・補語になっているもの（**着席**）
オ 上の字が下の字の意味を打ち消しているもの（**非常**）

次の熟語は右の**ア～オ**のどれにあたるか、**一つ**選び、**記号**で答えよ。

1 欠乏（　　）
2 粘液（　　）
3 未了（　　）
4 呼応（　　）
5 惜別（　　）
6 清濁（　　）
7 随時（　　）
8 老朽（　　）
9 愛憎（　　）
10 鶏舎（　　）

15 **抽選**で宿泊券が当たった。（　）
16 悪友の**誘惑**に負けた。（　）
17 必要な**措置**をとる。（　）
18 入賞が飛躍への**契機**となった。（　）
19 親善大使に**随行**した。（　）
20 祖父の**米寿**を祝う会をした。（　）
21 罪を**憎**んで人を憎まず（　）
22 名曲に心を**奪**われた。（　）
23 過去を**悔**やんでも仕方がない。（　）
24 彼は**穏**やかな性格だ。（　）
25 とっさの出来事に**肝**を冷やした。（　）
26 肉料理を**飽**きるほど食べた。（　）
27 日本髪を**結**ってもらった。（　）
28 布地を**裁**って和服を縫い上げる。（　）
29 いつも**笑顔**を絶やさない。（　）
30 たくましい**若人**が集った。（　）

10 コンクールに応**ボ**した。（　）
11 出勤**ボ**のチェックをした。（　）
12 恩師を敬**ボ**してやまない。（　）
（ア簿　イ慕　ウ募　エ模　オ母）

13 息を**コ**らして獲物を待つ。（　）
14 ご飯を**コ**がしてしまった。（　）
15 **コ**い口のしょうゆを使用する。（　）
（ア焦　イ肥　ウ濃　エ超　オ凝）

(三) 1〜5の三つの□に**共通する漢字**を入れて熟語を作れ。漢字は**ア〜コ**から**一つ**選び、**記号**で答えよ。（10）2×5

1 平□・□当・□健（　）
2 □設・□葬・□没（　）
3 同□・□奏・□走（　）
4 □抱・□苦・香□料（　）
5 破□・廃□・□権（　）

ア伴	イ辛	ウ架	エ棄	オ胞
カ均	キ介	ク埋	ケ滅	コ穏

(五) 次の漢字の**部首**を**ア〜エ**から**一つ**選び、**記号に○**をせよ。（10）1×10

1 裂（ア夕　イ歹　ウ刂　エ衣）
2 興（ア八　イ臼　ウ口　エ冂）
3 敢（ア二　イ耳　ウ攵　エ二）
4 掛（ア扌　イ工　ウ土　エ卜）
5 翻（ア釆　イ羽　ウ米　エ田）
6 唐（ア口　イ丶　ウ亠　エ广）
7 喚（ア大　イ八　ウ口　エ冂）
8 虐（ア广　イ虍　ウ卜　エ匚）
9 舞（ア丿　イ一　ウ夕　エ舛）
10 髄（ア月　イ冂　ウ骨　エ辶）

(六)

後の□内のひらがなを漢字に直して□に入れ、**対義語・類義語**を作れ。□内のひらがなは一度だけ使い、( )に**一字記入**せよ。

(20) 2×10

対義語

1 華美―質□ ( )

2 追加―削□ ( )

3 上昇―下□ ( )

4 妨害―阻□ ( )

5 分裂―□一 ( )

類義語

6 翻意―□心 ( )

7 展示―陳□ ( )

8 功績―手□ ( )

(八)

文中の**四字熟語**の――線の**カタカナ**を**漢字**に直し、( )に**二字記入**せよ。

(20) 2×10

1 **シンキ一転**して最初から出直す。 ( )

2 幾度も**シコウ錯誤**を繰り返した。 ( )

3 計画は**クウチュウ楼閣**に終わった。 ( )

4 当選の知らせに**ハガン一笑**した。 ( )

5 出展作品は**ギョクセキ混交**だった。 ( )

6 ついに**大願ジョウジュ**の日がきた。 ( )

7 組織の**新陳タイシャ**を図る。 ( )

8 **温故チシン**の心構えで古典を学ぶ。 ( )

(十)

次の――線の**カタカナ**を**漢字**に直せ。

(40) 2×20

1 何度も**ケントウ**を重ねて決定した。 ( )

2 石油**ネンリョウ**は無尽蔵ではない。 ( )

3 古い写真を見て当時を**ソウキ**する。 ( )

4 時流に**ビンジョウ**した商売だ。 ( )

5 所得税の確定**シンコク**をした。 ( )

6 超一流の技術だと**シンライ**される。 ( )

7 今年も下位に**テイメイ**している。 ( )

8 当選は**カクジツ**と報じられた。 ( )

9 国内での開催を**テイショウ**する。 ( )

10 台風は日本列島を**ジュウダン**した。 ( )

9 卓越―□凡 （　　）

10 不審―□惑 （　　）

がら・ぎ・げん
こう・し・そ・とう
ひ・へん・れつ

(七) 次の――線のカタカナを漢字一字と送りがな(ひらがな)に直せ。 (10) 2×5

〈例〉 問題にコタエル。 (答える)

1 地元で造り酒屋をイトナンでいる。 （　　）

2 ミズカラを省みて恥じることはない。 （　　）

3 事後処理はスミヤカニ終結した。 （　　）

4 夕日が西の空を紅にソメル。 （　　）

5 あまりムズカシイ要求はしない。 （　　）

9 怪盗が変幻ジザイに出没する。 （　　）

10 常に思慮フンベツを心掛けている。 （　　）

(九) 次の各文にまちがって使われている同じ読みの漢字が一字ある。上に誤字を、下に正しい漢字を記せ。 (10) 2×5

1 体調維持のため、寒い時には皮膚の血管が集縮して体熱の発散を防ぐ。 （　　）（　　）

2 労働時間の短縮にともなって、予暇の有効な活用が課題となっている。 （　　）（　　）

3 裁伴員制度は、無作為に選ばれた一般市民が審理に参加する。 （　　）（　　）

4 生命科学の進歩は、人間の寿命を飛躍的に伸ばす役割を果たしている。 （　　）（　　）

5 予選突破という目標を掲げ、面密な練習計画を立てて試合に臨む。 （　　）（　　）

11 真冬の寒さがホネミにしみる。 （　　）

12 後続の部隊もタダちに出動した。 （　　）

13 ハタオりの伝統技術を学ぶ。 （　　）

14 決めたルールにはシタガうべきだ。 （　　）

15 太陽が雲間からアラワれた。 （　　）

16 アツデのカップでコーヒーを飲む。 （　　）

17 鶏のヒナはスコやかに育った。 （　　）

18 気性のハゲしい人だ。 （　　）

19 この道路はカタガワ一車線です。 （　　）

20 自宅からモヨりの駅まで五分です。 （　　）

資料1　小学校学年別　配当漢字表

	ア	イ	ウ	エ	オ	カ	キ	ク	ケ	コ	サ
1年		一	右雨	円	王音	下火花貝学	気九休玉金	空	月犬見	五口校	左三山
2年		引	羽雲	園遠		何科夏家歌画回会海絵外角楽活間丸岩顔	汽記帰弓牛魚京強教近		兄形計元言原	戸古午後語工公広交光考行高黄合谷国黒今	才細作算
3年	悪安暗	医委意育員院飲	運	泳駅	央横屋温	化荷界開階寒感漢館岸	起期客究急級宮球去橋業曲局銀	区苦具君	係軽血決研県	庫湖向幸港号根	祭皿
4年	愛案	以衣位茨印		英栄媛塩	岡億	加果貨課芽賀改械害街各覚潟完官管関観願	岐希季旗器機議求泣給挙漁共協鏡競極	熊訓軍郡群	径景芸欠結建健験	固功好香候康	佐差菜最埼材崎昨札刷察参産散残
5年	圧	囲移因		永営衛易益液演	応往桜	可仮価河過快解格確額刊幹慣眼	紀基寄規喜技義逆久旧救居許境均禁	句	型経潔件険検限現減	故個護効厚耕航鉱構興講告混	査再災妻採際在財罪殺雑酸賛
6年		胃異遺域	宇	映延沿	恩	我灰拡革閣割株干巻看簡	危机揮貴疑吸供胸郷勤筋		系敬警劇激穴券絹権憲源厳	己呼誤后孝皇紅降鋼刻穀骨困	砂座済裁策冊蚕

	ネ	ニ	ナ	ト	テ	ツ	チ	タ	ソ	セ	ス	シ
1年	年	二日入		土	天田		竹中虫町	大男	早草足村	正生青夕石赤千川先	水	子四糸字耳七車手十出女小上森人
2年		肉	内南	刀冬当東答頭同道読	弟店点電	通	地池知茶昼長鳥朝直	多太体台	組走	西声星晴切雪船線前	図数	止市矢姉思紙寺自時室社弱首秋週春書少場色食心新親
3年				都度投豆島湯登等動童	定庭笛鉄転	追	着注柱丁帳調	他打対待代第題炭短談	相送想息速族	世整昔全		仕死使始指歯詩次事持式実写者主守取酒受州拾終習集住重宿所暑助昭消商章勝乗植申身神真深進
4年	熱念		奈梨	徒努灯働特徳栃	低底的典伝		置仲沖兆	帯隊達単	争倉巣束側続卒孫	成省清静席積折節説浅戦選然		氏司試児治滋辞鹿失借種周祝順初松笑唱焼照城縄臣信
5年	燃	任		統堂銅導得毒独	停提程適		築貯張	貸態団断	祖素総造像増則測属率損	制性政勢精製税責績接設絶		士支史志枝師資飼示似識質舎謝授修述術準序招証象賞条状常情織職
6年		乳認	難	討党糖届	敵展	痛	値宙忠著庁頂腸潮賃	退宅担探誕段暖	奏窓創装層操蔵臓存尊	盛聖誠舌宣専泉洗染銭善	垂推寸	至私姿視詞誌磁射捨尺若樹収宗就衆従縦縮熟純処署諸除承将傷障蒸針仁

字数	ワ	ロ	レ	ル	リ	ラ	ヨ	ユ	ヤ	モ	メ	ム	ミ	マ	ホ	ヘ	フ	ヒ	ハ	ノ	
1年 計八〇		六			立力林					目	名				木本		文	百	白八		1年
2年 計一六〇	話				里理	来	用曜	友	夜野	毛門	明鳴			毎妹万	歩母方北	米	父風分聞		馬売買麦半番		2年
3年 計二〇〇	和	路	礼列練		流旅両緑	落	予羊洋葉陽様	由油有遊	役薬	問	命面		味		放	平返勉	負部服福物	皮悲美鼻筆氷表秒病品	波配倍箱畑発反坂板	農	3年
4年 計二〇二		老労録	令冷例連	類	利陸良料量輪		要養浴	勇	約			無	未民	末満	包法望牧	兵別辺変便	不夫付府阜富副	飛必票標	敗梅博阪飯		4年
5年 計一九三			歴		略留領		余容	輸			迷綿	務夢	脈		保墓報豊防貿暴	編弁	布婦武復複仏粉	比肥非費備評貧	破犯判版	能	5年
6年 計一九一		朗論			裏律臨	乱卵覧	預幼欲翌	郵優	訳	模	盟		密	枚幕	補暮宝訪亡忘棒	並陛閉片	腹奮	否批秘俵	派拝背肺俳班晩	納脳	6年

資料2 級別漢字表

小学校学年別配当漢字を除く

	ア	イ	ウ	エ	オ	カ	キ	ク	ケ	コ	サ
4級	握扱	依威為偉違維緯壱芋陰隠		影鋭越援煙鉛縁	汚押奥憶	菓暇箇雅介戒皆壊較獲刈甘汗乾勧歓監環鑑含	奇祈鬼幾輝儀戯詰却脚及丘朽巨拠距御凶叫狂況狭恐響驚仰	駆屈掘繰	恵傾継迎撃肩兼剣軒圏堅遣玄	枯誇鼓互抗攻更恒荒項稿豪込婚	鎖彩歳載剤咲惨
3級	哀	慰		詠悦閲炎宴	欧殴乙卸穏	佳架華嫁餓怪悔塊慨該概郭隔穫岳掛滑肝冠勘貫喚換敢緩	企忌軌既棋棄騎欺犠菊吉喫虐虚峡脅凝斤緊	愚偶遇	刑契啓掲携憩鶏鯨倹賢幻	孤弧雇顧娯悟孔巧甲坑拘郊控慌硬絞綱酵克獄恨紺魂墾	債催削搾錯撮擦暫
準2級	亜	尉逸姻韻	畝浦	疫謁猿	凹翁虞	渦禍靴寡稼蚊拐懐劾涯垣核殻嚇括喝渇褐轄且缶陥患堪棺款閑寛憾還艦頑	飢宜偽擬糾窮拒享挟恭矯暁菌琴謹襟吟	隅勲薫	茎渓蛍慶傑嫌献謙繭顕懸弦	呉碁江肯侯洪貢溝衡購拷剛酷昆懇	唆詐砕宰栽斎索酢桟傘

級	シ	ス	セ	ソ	タ	チ	ツ	テ	ト	ナ	ニ	ネ	ノ
4級	旨伺刺脂紫雌執芝斜煮 釈寂朱狩趣需舟秀襲柔 獣瞬旬巡盾召床沼称紹 詳丈畳殖飾触侵振浸寝 慎震薪尽陣尋	吹	是姓征跡占扇鮮	訴僧燥騒贈即俗	耐替沢拓濁脱丹淡嘆端 弾	恥致遅蓄跳徴澄沈珍		抵堤摘滴添殿	吐途渡奴怒到逃倒唐桃 透盗塔稲踏闘胴峠突鈍 曇		弐		悩濃
3級	祉施諮侍慈軸疾湿赦邪 殊寿潤遵如徐匠昇掌晶 焦衝鐘冗嬢錠譲嘱辱伸 辛審	炊粋衰酔遂穂随髄	瀬牲婿請斥隻惜籍摂潜 繕	阻措粗礎双桑掃葬遭憎 促賊	怠胎袋逮滞滝択卓託諾 奪胆鍛壇	稚畜窒抽鋳駐彫超聴陳 鎮	墜	帝訂締哲	斗塗凍陶痘匿篤豚		尿	粘	
準2級	肢嗣賜璽漆遮蛇酌爵珠 儒囚臭愁酬醜汁充渋銃 叔淑粛塾俊准殉循庶緒 叙升抄肖尚宵症祥渉訟 硝粧詔奨彰償礁浄剰壌 醸津唇娠紳診刃迅甚	帥睡枢崇据杉	斉逝誓析拙窃仙栓旋践 遷薦繊禅漸	租疎塑壮荘捜挿曹喪槽 霜藻	妥堕惰駄泰濯但棚	痴逐秩嫡衷弔挑眺釣懲 勅朕	塚漬坪	呈廷邸亭貞逓偵艇泥迭 徹撤	悼搭棟筒謄騰洞督凸屯	軟	尼妊忍	寧	

		ハ	ヒ	フ	ヘ	ホ	マ	ミ	ム	メ	モ	ヤ	ユ	ヨ	ラ	リ	ル	レ	ロ	ワ
5級までの一〇二六字をあわせて一三三九字	4級 計三一三字	杯輩拍泊迫薄爆髪抜罰般販搬範繁盤	彼疲被避尾微匹描浜敏	怖浮普腐敷膚賦舞幅払噴	柄壁	捕舗抱峰砲忙坊肪冒傍帽凡盆	慢漫	妙眠	矛霧娘		茂猛網黙紋	躍	雄	与誉溶腰踊謡翼	雷頼絡欄	離粒慮療隣	涙	隷齢麗暦劣烈恋	露郎	惑腕
4級までの一三三九字をあわせて一六二三字	3級 計二八四字	婆排陪縛伐帆伴畔藩蛮	卑碑泌姫漂苗	赴符封伏覆紛墳	癖	募慕簿芳邦奉胞倣崩飽縫乏妨房某膨謀墨没翻	魔埋膜又	魅		滅免			幽誘憂	揚揺擁抑	裸濫	吏隆了猟陵糧厘		励零霊裂廉錬	炉浪廊楼漏	湾
3級までの一六二三字をあわせて一九五一字	準2級 計三二八字	把覇廃培媒賠伯舶漠肌鉢閥煩頒	妃披扉罷猫賓頻瓶	扶附譜侮沸雰憤	丙併塀幣弊偏遍	泡俸褒剖紡朴僕撲堀奔	麻摩磨抹	岬		銘	妄盲耗	厄	愉諭癒唯悠猶裕融	庸窯	羅酪	痢履柳竜硫虜涼僚寮倫	累塁	戻鈴		賄枠

「日本漢字能力検定」の受検の申し込み方法や検定実施日など，検定の詳細につきましては，「日本漢字能力検定協会」のホームページなどをご参照ください。
また，本書に関する最新情報は，当社ホームページにある本書の「サポート情報」をご覧ください。（開設していない場合もございます。）

漢字検定３級 トレーニングノート〔四訂版〕

編著者　絶対合格プロジェクト
発行者　岡　本　泰　治
印刷所　株式会社ユニックス

発行所

© 株式会社 増進堂
大阪市西区新町２丁目19番15号
℡(06)6532-1581(代) 〒550-0013
FAX(06)6532-1588

落丁・乱丁本はお取り替えします。　高廣製本　Printed in Japan

ひっぱると，はずして使えます。

3級
漢字検定
トレーニングノート
解答編

解答編

漢字検定 3級 トレーニングノート

（×は、まちがえやすい例を示したものです。）

●2～3ページ

1 漢字の読み

1 かきょう
2 おんびん
3 せきはい
注↕大敗
4 まいぞう
5 けいさい
6 あいかん
7 きかく
8 よくよう
9 ゆうりょ
10 とそう
11 ねんちゃく
12 けいたい
13 ほうかい
14 かっそう
15 はれつ
16 ろうでん
17 しつじゅん
18 けっぺき
19 ひょうりゅう
20 けいぼ
21 ふんしつ
22 さいそく
23 れんか
注安い値段
24 どうよう
25 げきれい
26 ふにん
27 たんれん
28 すいこう
×ついこう・ずいこう
29 たいざい
30 ぎょうし
注一点を見つめること
31 かんわ
32 たいこう
注大体の骨組み
33 いしゃ
34 しょうそう
注いらだつこと
35 こうかい
36 すいじゃく
37 かんゆう
38 ゆうげん
39 そそう
40 しゅうぜん
41 えんかく
42 けつぼう
43 かれい
44 きろ
45 しょうどう
46 ぼっとう
47 とくめい
注本名をかくすこと
48 そうぐう
49 ぼうがい
50 そうだつ

●4～5ページ

2 漢字の読み

1 かくう
2 ばんそう
3 ていけつ
4 きどう
5 しんすい
6 てんさく
7 せんぷく
8 ひげ
9 もほう
10 こうみょう
11 しさく
×せさく
12 かいこ
注昔を思い出すこと
13 けんさつ
14 しんちょう
15 ししょう
16 りんかく
注全体的な骨組み
17 ぼしゅう
18 くつじょく
19 しょうめつ
20 しょうだく
21 すい
22 ぼうぎゃく
23 かんあん
24 ざんじ
×ぜんじ
25 しょうあく
26 かんぜん
27 かんたんふ
28 そち
29 かいこん
30 ちょうか
31 ほうこう
32 らし
33 きこう
34 ちゅうしゅつ
注選び出すこと
35 ようとん
36 えつらん
37 こよう
38 かんもん
39 さいほう
40 つうこん
41 じょうと

●チェックしよう

▼漢字の音読み

伝えられた時代によって呉《ご》音、漢音、唐音の三種類がある。

「行」の音読みには、「コウ」（漢音）、「ギョウ」（呉音）、「アン」（唐音）の三通りある。

42 こうがい
43 いしょく
注仕事をまかせること
44 えんせき
45 しょうぎ
46 たくえつ
47 ついらく
48 むじゃき
49 さっか
注すりむいてできた傷
50 ずいしょ
注至るところ

●6~7ページ

3 漢字の読み

1 けいはつ
2 はいしゅつ
3 わんがん
4 えいかん
5 らんかく
注むやみにとること
6 こうしん
注香りや辛みをつける調味料(スパイス)
7 きんみつ
8 れんきん
9 やくじょ
×やくにょ
10 ばっさい
11 えんてん
12 きひ
注こばむこと
13 ようしゃ
14 くりん
15 きそ
16 へんてつ
17 すいはん
18 とっかん
19 ようち
20 しゅりょう
21 とうき
22 まんえつ
23 たくいつ
24 しんぎ
25 こうおつ
26 さいけん
27 けんやく
28 かんよう
29 じごく
×ぢごく
30 きつえん
31 ちょうじゅ
32 れいこん
33 はっこう
34 ほんやく
35 ばいしん
注民間人も加わる裁判制度
36 こくふく
37 きょだつ
38 じょこう
39 いっきん
40 ちんぷ
41 ほうき
42 ふくへい
43 かいてい
注本の内容などを直すこと
44 がいよう
45 ちくさん
46 いんぼう
47 ほんせき
48 そうじ
49 じょうざい
50 たいどう

●8~9ページ

4 漢字の読み

1 げんそう
2 ようけい
3 しょうろう
4 さつえい
5 そくばく
6 けんそ
注けわしい
7 しゅうかく
8 きせい
注すでにできあがっていること
9 まほう
10 きっきょう
11 ろうひ
12 しゅしょう
13 ろうばしん
14 たいほ
15 かいだん
16 けいちょう
17 ちゅうしゃ
18 だんろ
19 えいたん
20 ほくおう
21 せっしゅ
注とり入れる
22 とうだん
23 ほうし
24 がいとう
注あてはまること
25 こうどう
26 さんがく
27 ふくし
28 こはん
29 かくご
30 やばん
31 けったく
32 ごらく
33 けっしょう
34 ちんあつ
35 じゅんしゅ
×そんしゅ
36 こまく
37 ふくめん
×りめん
38 りゅうせい
39 こりつ
40 ぎせい
41 ぼくしゅ
42 こうてい
43 ほうけん
×ふうけん
44 ちょうぼ
45 りょうかい
46 じょうまん
注だらだらとしてしまりがない様子
47 そうほう
48 けいき
注きっかけ
49 ほんぽう
注わが国
50 きじく

●10～11ページ　5 漢字の読み

1 しんせい
2 こふん
3 たいまん
4 だいたん
5 とくし
6 じあい
7 こうそく
8 はんそう
9 ちっそく
10 ほうめん
11 そうぎょう
12 きく
13 きんかい
14 ほうしょく
15 ぐもん
16 かんり
17 しもん　注たずねること
18 しっく
19 きねんひ
20 がし
21 ぐうぜん　注↕必然
22 ぼうちょう　注「膨張」とも書く
23 ぜっか　×ぜっけい
24 ほくと
25 とうけつ
26 ちゅうぞう　×じゅぞう
27 しこん
28 けいばつ
29 こうか
30 がろう
31 ようご
32 はんしゅ
33 そくしん
34 かんがい
35 こうさく
36 ほうのう
37 れいらく
38 きゅうけい
39 みわく
40 しょうしん
41 きゅうりょう
42 にょうい
43 こ
44 かんげん　注言い換えること
45 じじゅう
46 あいぞう
47 ぶんぴつ　注「ぶんぴ」とも読む
48 ぼうし
49 きょうこく
50 ろうかく　注高くて立派な建物

●12～13ページ　6 漢字の読み

1 こ
2 ひそ　注「潜(もぐ)る」
3 か
4 あざむ
5 もよお
6 ねば
7 かえり
8 はな
9 した
10 こと
11 おだ
12 つくろ　注うまくその場を済ます
13 うなが
14 おもむ
15 とぼ
16 ゆる
17 う　注「埋(う)める・まる」
18 ほどこ
19 も
20 おとろ
21 あ
22 つの　注広く呼びかける
23 くわだ　注計画する
24 ともな
25 さまた
26 つつし
27 はげ
28 し
29 へだ
30 の
31 うば
32 あわ
33 うる
34 かか　×あ(げた)
35 けず
36 さ
37 まぎ
38 よ
39 かしこ
40 なめ　注「滑(すべ)る」
41 さそ
42 たずさ
43 とどこお
44 なぐさ
45 と
46 こ　注「焦(あせ)る」は高校で習う読み方
47 おさ
48 あら　注気が〈荒い〉
49 うれ　注心配
50 あ

●14～15ページ　7 漢字の読み

1 きた
2 たく
3 もぐ
4 いもの
5 ゆ
6 さと
7 おお　注「覆(くつがえ)る」は高校で習う読み方
8 つらぬ
9 たましい
10 おろ　注「卸(おろし)」名詞

11 おど
注「脅（おびや）かす」は高校で習う読み方
12 やと
13 か
14 きも
15 おろ
16 かね
17 しぼ
18 かたまり
19 つなひ
20 とつ
注「嫁（よめ）」名詞
21 ふたば
22 くや
注「悔（く）いる」
23 お
24 あさせ
25 ほ
26 ほ
27 あわ
28 あ
29 なわしろ
注「苗（なえ）」
30 たき
31 ぬ
32 くわ
33 あまから
34 ななくせ
注「七（しち）五三」
35 おこた
36 すみ
37 くず
38 ふく
39 こご
注「凍（こお）る」
40 まぼろし
41 ただよ
42 にく
43 また
44 ぬ
45 ゆず
46 ふ
47 ほ
48 ほろ
49 はだか
50 ひとふさ

８ 漢字の読み

●16～17ページ

1 う
注「請（こ）う」は高校で習う読み方
2 しば
3 うら
4 ひより
注天候・晴天
5 なぐ
6 あきな
7 た
8 こ
注上回る
9 けしき
10 か
11 しばふ
12 あや
13 しめ
14 き
注積極的にきく
15 かわせ
16 こぶた
17 と
18 いこ
注「憩（いこ）う」は高校で習う読み方
19 ゆえ
注わけ
20 にわとり
21 さ
注手に持つ
22 かた
23 うわ
注「浮（う）く」
24 しぐれ
25 と
26 はか
27 なだれ
28 は
29 ゆ
30 くじら
31 すみ
32 す
33 ことぶき
34 あらわ
35 すこ
36 ほのお
37 もと
注支配・影響が及ぶ所
「下（しも）の句」
38 はなむこ
39 のぼ
40 だけ
41 ほど
42 さむらい
43 ひめ
44 ふくろ
45 む
46 ゆくえ
47 かんむり
48 かたき
49 ひか
50 わざわ

９ 漢字の読み

●18～19ページ

(1)
1 キ
2 ク
3 エ
4 ア
5 ウ

(2)
1 ウ
2 オ
注「躍起」＝必死になって物事を行うさま
3 カ
4 コ
5 ケ
注「没却」＝すっかり忘れ去ること

(3)
1 ア
2 キ
3 ク
4 オ
5 イ

(4)
1 カ
注「嘱目」＝期待して気をつけて見ること
2 ケ
3 キ
4 ウ
注「潤色」＝おもしろくするために表面を飾ったり、事実を誇張したりすること
5 コ

(5)
1 キ
2 ク
3 エ
4 コ
5 ウ

(6)
1 ケ
注「卓説」＝抜きんでて優れた説
2 イ
3 キ
4 カ
5 ウ
注「雌伏」＝活躍する機会をじっと待つこと

(7)
1 カ
2 ウ
3 エ
4 キ
5 ア

(8)
1 コ
2 オ
3 キ
4 カ
5 イ

10 漢字の読み ●20～21ページ

(1)
1 カ
2 オ
3 ケ
4 ウ
5 コ
注「綱紀」＝物事の規律

(2)
1 イ
2 ウ
3 ク
4 キ
5 ケ

(3)
1 ク
2 キ
3 ウ
4 イ
5 ア

(4)
1 イ
2 コ
注「叫喚」＝大声でわめき叫ぶこと
3 ケ
4 キ
5 ウ

(5)
1 ウ
2 オ
3 ク
4 エ
注「相克」＝対立・矛盾するものが互いに争うこと
5 キ

(6)
1 カ
2 ケ
3 キ
4 ア
5 コ

(7)
1 オ
2 ケ
3 カ
4 ク
5 ア
注「赤裸々」＝包み隠さない様子

(8)
1 ケ
2 ク
3 オ
4 イ
5 ウ

11 漢字の読み ●22～23ページ

(1)
1 エ
2 ク
3 キ
4 オ
5 ウ
注「隔絶」＝他とのつながりが全く絶たれること

(2)
1 オ
2 カ
注「与奪」＝与えたり奪ったりすること
3 ケ
4 ウ
5 イ

(3)
1 ウ
2 ク
3 ケ
4 オ
5 エ
注「慨嘆」＝ひどく嘆き、いきどおること

(4)
1 カ
2 エ
3 オ
4 ア
5 ケ

●チェックしよう

▼「同訓異字」の漢字の用法

。その意味を表すのに、二つ以上のどちらを使うかが一定せず、どちらを用いてもよい場合がある。また、一方の漢字が広く一般的に用いられるのに対して、他方の漢字はある限られた範囲にしか使われないものもある。。その意味を表すのに、適切な漢字のない場合、または漢字で書くことが適切でない場合がある。このときは、ひらがなで書くことになる。

(5)
1 ケ
2 カ
3 コ
4 キ
注「先哲」＝昔の優れた思想家や賢者
5 ア

(6)
1 カ
2 キ
3 コ
4 イ
5 ウ

(7)
1 ク
2 ア
3 エ
4 オ
5 キ

(8)
1 コ
2 オ
3 ケ
4 カ
5 エ
注「中軸」＝活動の中心となる人

12 書き取り
● 24〜25ページ

1 伴・判
2 行・光
3 伸・延
例 学力が伸びる
4 添・沿
5 巡・準
6 違・易
7 鮮・洗
8 操・奏
9 行・業
注「遺業」＝故人が道を切り開いた仕事
10 風・夫
11 声・盛
12 制・勢
注「体勢」＝からだ全体の構え
13 途・徒
注「徒労」＝むだな苦労
14 行・航
×「難行（なんぎょう）」＝非常につらい修行
15 制・整
16 写・映
注「映る」＝は物の形や影などが反射する
17 上・挙
18 認・任
19 仕・始
20 正・賞
注「賞味」＝おいしく味わうこと
21 排・背
22 付・就
23 供・備
24 刺・差
25 積・詰
26 否・秘
27 端・担
28 辛・深
29 幸・好
30 総・層
31 鎖・差
32 吹・推
33 体・態
34 暦・歴
35 致・置
36 余・予
37 異・移
38 跳・潮
39 巧・効
40 制・成

13 書き取り
● 26〜27ページ

1 用・容
2 鎖・査
3 違・異
4 集・衆
5 操・装
6 事・除
7 段・暖
8 救・旧
9 開・空
例 店を開ける
10 慢・満
11 放・訪
12 漁・魚
13 及・求
例 責任の追及
14 作・策
15 震・奮
例 声を震わせる
16 締・提
17 元・源
18 価・果
19 動・働
20 所・処
21 件・検
22 総・操
23 習・修
24 短・単
25 機・寄
注「寄与」＝国家や社会に対して役に立つこと
26 俵・評
27 拡・革
28 導・道
29 決・血
30 万・満
31 漏・盛
32 企・規
33 前・全
34 訂・提
35 往・応
36 気・揮
37 配・背
38 章・賞
39 勧・進
40 標・票

14 書き取り
● 28〜29ページ

1 ウ
2 オ
3 エ
4 エ
5 イ
6 ア
注 自分が思い通りにできる範囲

7 オ
8 イ
9 ウ
10 ウ　注他人の厚意に対する敬称
11 オ
12 ア　注日本の通貨
13 ア
14 オ
15 イ
16 ア
17 ウ
18 イ　例オ「鉄橋を架ける」
19 オ
20 ア
21 イ　注盛んであることを示す
22 ア
23 エ
24 ウ
25 イ
26 ウ

27 ア
28 イ
29 ア
30 エ
31 ウ
32 オ
33 ア　注一生懸命努力すること
34 ウ
35 エ
36 ア
37 オ
38 イ
39 エ

15 書き取り

● 30～31ページ

1 ア　注心をこめること
2 イ
3 オ　注ショックを受けること
4 ウ

5 オ
6 ア
7 イ
8 オ　注「喚起」＝呼び起こすこと
9 エ
10 エ　注閉じこめること
11 イ
12 オ
13 イ　注「符合」＝二つ以上の事柄がぴったり合うこと
14 エ
15 オ
16 イ
17 ア
18 ウ
19 オ
20 エ
21 ア
22 オ

注「諮問」＝特定の機関に意見を求めること
23 エ
24 イ
25 エ
26 オ
27 ア
28 オ
29 ア　注むだな費用
30 ウ　注ゆずりあう
31 エ
32 ア
33 イ　注高い理想を保つ
34 ウ
35 イ
36 ア　例エ「生け捕る」
37 エ
38 オ
39 ア　例イ「国がよく治まる」

16 書き取り

● 32～33ページ

1 ア
2 オ
3 ウ
4 エ
5 イ　例何もしないで時間が過ぎること
6 ア
7 エ　注資金
8 イ　注根拠や土台
9 ア　注一本
10 オ
11 ウ
12 イ
13 ア　注うっとりすること
14 オ
15 イ
16 ウ
17 エ

18 イ
19 イ　注「食糧」＝主食物　「食料」＝材料
20 オ
21 エ
22 エ
23 イ
24 ア
25 ア
26 イ
27 オ
28 オ
29 エ
30 イ
31 エ　注身近でわかりやすい様子
32 イ
33 ア
34 ウ
35 イ
36 ア
37 エ

38 ア
39 ウ

●34～35ページ　17 書き取り

1 相似
2 延長
3 器用
4 見識　注優れた判断力
5 系列
6 出処　注「出処進退」＝けじめのある身の処し方
7 極秘
8 包容　注広い心で受け入れること
9 周知　注広く知れ渡っていること　×「衆知」＝民衆の知識や知恵
10 洗練
11 引率　×引卒
12 去就　注＝進退
13 我流
14 領域
15 支度　注「仕度」とも書く
16 希少
17 否認
18 提起
19 看過　注見逃すこと
20 仮病
21 綿密
22 誕生
23 完熟
24 純真　×純心
25 容姿　×容止
26 模型　×模形
27 因果
28 閉口　注困りきること
29 体裁
30 資質
31 沿線
32 統計
33 発揮
34 麦芽
35 刷新
36 帰属
37 異様　注普通と違う様子
38 羽毛
39 保障　×保証、補償
40 著名
41 過程　×課程
42 厳守
43 遺失　注↔拾得
44 照合
45 適合
46 横領
47 必至　注避けられないこと　×必死
48 誠意
49 呼応
50 慣行

●36～37ページ　18 書き取り

1 基調　注基本的な考え
2 感傷　注物事に感じやすいこと
3 批判
4 識別
5 盛会
6 混迷
7 試行　×思考
8 警護
9 典型　×典形
10 納得
11 探査
12 順応
13 使役
14 除幕
15 裁量
16 圧巻　注最もすばらしい部分
17 断行
18 卵黄
19 盟約
20 便乗
21 借景
22 対照　×対称・対象
23 疑念
24 事態　×事体
25 刊行
26 移管
27 至難　注この上なく難しいこと
28 推移
29 格調
30 要因　×要員
31 派生　注次から次へとおこること
32 台頭　注勢力を得てくること
33 供給
34 往復
35 貧弱
36 申告
37 絶句
38 操作
39 答申　×答信
40 立証
41 希求
42 樹立
43 墓穴
44 許容
45 声価　×成果
46 策略
47 特許
48 頭角
49 蒸発
50 決裁　×決済

●38～39ページ　19 書き取り

1 厳
2 訳
3 危　×怪
4 手探
5 捨
6 整
7 臨　×望む

8 訪
9 行方
10 逆
11 潮風
12 久
13 競
14 沿　×添う
15 試
16 慣
17 唱
18 志
19 設
20 額
21 垂
22 届
23 縮
24 裁
25 拝
26 供　×備える
27 目覚
28 辞　×止
29 染
30 代物

31 干
32 奮　×震う
33 並
34 敬
35 極　×窮まる
36 著
37 源
38 編
39 頂
40 説　×解く
41 包
42 留　×止める
43 反
44 省　×顧みる
45 除
46 預
47 済　×澄ます
48 率
49 銭
50 授

20 熟語構成

● 40～41ページ

1 イ
2 エ
3 ア
4 オ
5 ウ
6 イ
7 エ
8 イ
9 ウ
10 エ
11 ウ
12 ア
13 ウ
14 イ
15 ア
16 オ
17 イ
18 ウ
19 ア
20 エ
21 ウ
22 イ
23 エ
24 オ
25 エ
26 ア　注中に何もないさま
27 エ
28 イ
29 エ
30 ウ
31 ア
32 エ
33 ウ
34 イ
35 ア
36 ウ
37 ウ
38 オ
39 イ
40 エ
41 イ
42 ウ
43 エ
44 ア
45 ア
46 ウ
47 オ
48 オ　注おもしろみのないこと
49 エ
50 ウ
51 イ
52 エ
53 ア
54 エ
55 ア
56 エ
57 エ
58 イ　注うそと真実
59 イ
60 ウ　注すぐれた考え

21 熟語構成

● 42～43ページ

1 エ
2 イ
3 ウ
4 ア
5 エ
6 イ
7 ウ
8 エ

●チェックしよう

▼四字熟語の対処法

(1)二字熟語を組み合わせたものが基本である。それぞれ二字熟語の意味を把握しておこう。

(2)故事成語・ことわざと関連させながら覚えよう。

(3)数字を使った四字熟語が多いので注意しよう。

9 イ
10 ア
11 ア
12 イ
13 ウ
14 エ
15 ウ
16 エ
17 オ
18 イ
19 オ
20 ア
21 ア
22 オ
23 ウ
24 エ
25 ウ
26 イ
27 エ
28 ア
注＝低俗 ↕高尚
29 ウ
30 イ

31 ア
32 イ
33 ウ
34 エ
35 ウ
36 ア
37 ウ
38 エ
39 エ
40 イ
41 ウ
42 ア
43 イ
44 ア
45 オ
46 エ
47 イ
48 イ
49 オ
50 オ
51 エ
52 ウ
53 イ

54 エ
55 ウ
56 オ
57 イ
58 ア
59 エ
60 ウ

● 44～45ページ

22 四字熟語

1 馬耳
注馬の耳に念仏
2 順風
3 低頭 ×抵頭
4 面目
5 刻苦
6 得失
7 物情
8 断行
9 落着
10 危機
11 夢中 ×霧中
12 有望

13 円熟
14 意気
15 達成
16 本末
17 茶飯
18 天衣
注人柄が無邪気なこと
19 兄弟
注世界中の人々が仲良くすべきであるということ
20 辞令
21 月歩
22 観念
23 鳴動
24 晴耕
25 花鳥
26 回復 ×快復
27 万別
28 後楽
29 複雑
30 意識
31 事態 ×事体

32 晩成
33 一喜
34 金城
35 不落
36 国宝
37 不敵
38 代謝
39 両得
40 職権
41 方正
42 無味
43 小異
注＝似たりよったりであること
44 取捨
45 古今
46 道断
47 明鏡
注心にやましいところがなく、落ち着いた静かな心境
48 無量
49 前人
50 分別

● 46～47ページ

23 四字熟語

1 温故
注昔の事柄を調べて、新たな知識や道理を会得すること（論語）
2 操作
3 器用
4 無根
5 浅学
6 術数
7 開化 ×開花
8 深山
9 弱行
10 門戸
11 笑止
12 率先 ×卒先
13 得意
14 深長 ×慎重
15 急転
16 好機
17 治外
18 防衛

19 失望
20 始終
21 乱戦
22 単刀 ×短刀
23 転変
24 千客
25 金科 注だれにとっても絶対的なよりどころとなる教訓や信条
26 装置
27 謝絶
28 複合
29 神出
30 昼夜
31 応急 ×応救
32 試行 ×施行
33 令色
34 牛歩
35 飛語 注つまらぬうわさ
36 朗朗
37 密着
38 条件
39 放語
40 諸説
41 沿岸
42 大義
43 以心 注言葉や文字によらず、心が通じ合うこと
44 効果
45 集中
46 閣議
47 用意 ×容易
48 空前
49 先制
50 落日

●48～49ページ

24 四字熟語

1 序列
2 容姿
3 志操 ×思想
4 専行 ×先行
5 談話
6 高論
7 小康
8 玉石
9 異体
10 美辞
11 公私
12 満面
13 乱神
14 争鳴 注＝議論百出
15 絶頂
16 空論
17 責任
18 旧態
19 暗雲
20 大敵
21 衆人
22 回生
23 朝令
24 厳守
25 終始
26 地異
27 博学
28 規制 ×規正
29 息災
30 自暴
31 自賛
32 自在
33 無事
34 不老
35 生殺
36 一笑
37 異夢
38 夢死
39 無私
40 下達
41 潔白
42 事後
43 不断
44 遠交
45 危急
46 水明
47 流水 注自然のなりゆきに任せて行動すること
48 戦術
49 出世
50 二束

●50～51ページ

25 対義語・類義語

❶
1 損
2 協 ×強
3 機
4 軽
5 統
6 潔
7 満
8 縮
9 異
10 素
11 専
12 借
13 入
14 数
15 看
16 丹
17 視 注＝黙視
18 激
19 不
20 職

❷
1 展
2 略
3 給
4 実
5 費
6 減
7 遊
8 制
9 申
10 降
11 不
12 処
13 根
14 組
15 潮
16 役
17 永
18 特
19 低
20 苦

● 52～53ページ

26 対義語・類義語

❶
1 兼
2 奮
3 使
4 採
5 束
6 落
7 散
8 就
9 任
10 良
11 異
12 構
注 事実でないことを事実のように作りあげること
13 覚
14 得
15 放
16 越
17 望
18 定
19 柄
20 弁

❷
1 強
2 和
3 護
4 興
5 始
6 簡
7 喜
8 極
9 放
10 欠
11 誉
12 動
13 望
14 盛
15 略
16 追
17 騒
18 承
19 退
20 非

● 54～55ページ

27 対義語・類義語

❶
1 模
2 激
3 野
4 善
5 護
6 感
7 違
8 助
9 退
10 必
11 書
12 首
13 豊
14 熟
15 派
16 体
17 永
18 疑
19 配
20 像

❷
1 得
2 具
3 厳
4 盟
5 損
6 課
7 接
8 固
9 清
10 低
注 俗っぽくて下品なこと＝通俗
11 我
12 約
13 別
14 持
15 姿
16 頼
17 衛
18 討
19 独
20 達

● 56～57ページ

28 部首

1 イ
注 ひとあし・にんにょう
2 エ
3 エ
4 エ
5 ア
6 ウ
注 はこがまえ
7 イ
8 イ
9 エ
10 エ
11 エ
12 ウ
13 ア
14 ア
15 イ
16 イ
17 エ
18 ア
19 イ
20 ア
21 ア
22 ウ
23 エ
注 ぎょうがまえ

● チェックしよう

▼部首の名前と位置を覚えよう！

・偏《へん》 ・旁《つくり》 ・冠《かんむり》

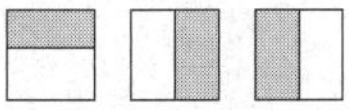

・脚《あし》 ・垂《たれ》 ・繞《にょう》 ・構《かまえ》

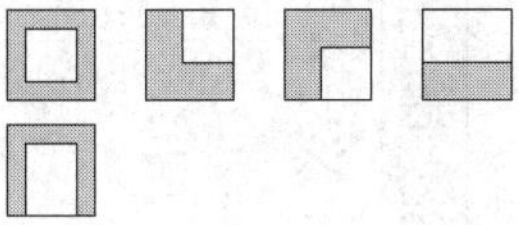

24 ウ
25 エ
26 イ
27 ア
28 ウ
注 したごころ
29 イ
30 ア
31 イ
32 エ
33 エ
34 ウ
35 ア
36 エ
37 エ
38 ア
39 ア
40 イ

29 部首

● 58～59ページ

1 ウ
2 ア
3 エ
4 イ
5 イ
6 ウ
注 れいづくり
7 イ
8 ア
9 イ
10 エ
11 エ
12 ア
13 エ
14 イ
15 ウ
16 イ
17 ウ
18 エ
注 ぶた・いのこ
19 イ
20 ウ
21 イ
22 ア
23 ウ
24 エ
25 ア
26 イ
27 エ
28 エ
29 イ
30 ウ
31 エ
32 ウ
注 だいのまげあし
33 ア
34 イ
35 イ
36 イ
37 エ
38 エ
39 イ
40 ウ

30 部首

● 60～61ページ

1 イ
2 イ
3 ウ
4 イ
5 エ
6 ウ
7 イ
8 ア
9 エ
10 ウ
11 イ
12 イ　注 ひき
13 ア
14 エ
15 ア
16 ウ
17 エ
18 ア
19 ア
注 なし・ぶ・すでのつくり
20 イ
21 エ
22 ウ
23 ア
24 エ
25 ウ
26 エ
27 ウ
28 エ　注 うす
29 ア
30 ウ
31 イ
32 エ
33 ウ
34 イ
35 イ
36 ウ
37 ア
38 ウ
39 イ
注 かみがしら
40 エ

31 漢字と送りがな

● 62～63ページ

1 肥やし
2 外れる
3 商っ
4 務める　×勤
5 交わる　×混
6 備わっ　×供
7 究める　×極める
8 延びる

●チェックしよう

▼送りがなのつけ方に気をつけよう！

・次の名詞は最後の音節を送る。
辺り　哀れ
幾ら　後ろ

・次の名詞は、送りがなをつけない。
謡　趣　氷
頂　卸　志

・次の語は、次に示すように送る。
大いに　直ちに
並びに　若しくは

9 散らかる
10 必ず
11 貧しく
12 来る
13 勇ましい
14 背け
15 冷まし
16 割れる
17 祝う
18 集う
19 速やかな
20 保つ
21 負かし
22 努める
23 頂い
24 絶やさ
25 敬う
26 明くる
27 導い
28 認める
29 預ける
30 築く
31 敗れる　×破
32 解ける
33 誤る
34 退ける
35 耕す
36 蒸らす
37 垂らす
38 新たに
39 幸い
40 辺り
41 構える
42 反らし
43 固まっ
44 従っ
45 連なっ
46 争う
47 朗らかに
48 告げる
49 比べる
50 養う

● 64～65ページ

32 漢字と送りがな

1 快い
2 災い
3 浴びせる
4 優れた
5 全く
6 強いる
7 減らす
8 苦り
9 試さ
10 済ます
11 厳かに
12 座る
13 喜ばしい
14 訪ねる　×尋ねる
15 易しい
16 曲げる
17 健やかに
18 語らう
19 志す
20 報いる
21 幼い
22 少ない
23 営む
24 結わえる
25 平らな
26 述べる
27 確かめる
28 逆らっ
29 臨む
30 支える
31 疑わしい
32 裁き
33 直ちに
34 険しく
35 基づい
36 設ける
37 危ぶま
38 退ける
39 安らかだ　×休
40 現す
41 染める　×初める
42 厚かましい
43 補っ
44 改める
45 著しい
46 盛る
47 勤める　×務める
48 群がる
49 久しく
50 責める

● 66～69ページ

実戦模擬テスト(1)

(一)
1 ろうえい
2 しんびがん
3 しょうだく
4 ゆうぐう
5 れいこう
6 しんずい
7 はっこう
8 ぎせい
9 かんあん
10 じゅうかん
11 しゅくえん
12 こうよう
13 たいのう
14 えつらん
15 こくふく
16 こうがい
17 じゅんすい
18 きゅうけい
19 がいよう
20 さいふ
21 きく
22 こうおつ
23 ほま
24 なぐさ
25 いき
26 あらわ
27 へだ
28 あずき
29 くず
30 もよ

(二)
1 ア　2 エ
3 オ　4 エ
5 イ　6 オ
7 エ　8 イ
9 ア　10 ア

11 ウ
12 エ
13 オ
14 ア
15 ウ

（三）
1 エ
2 コ
3 イ
4 キ
5 ケ

（四）
1 ウ
2 オ
3 ウ
4 エ
5 イ
6 ア
7 イ
8 エ
9 ア
10 ア

（五）
1 エ
2 ウ
3 エ
4 イ
5 イ
6 エ
7 ウ
8 ア
9 イ
10 ア

（六）
1 動
2 給
3 停
4 就
5 損
6 利

7 職
8 放
9 束
10 奮

（七）
1 健やかに
2 逆らっ
3 敬う
4 厳かに
5 耕し

（八）
1 神出
2 疑心
3 複雑
4 衆人
5 流言
6 応変
7 落着
8 努力
9 一失
10 止水

（九）
1 維・移
2 厚・熱
3 抵・低

4 違・遺
5 信・申

（十）
1 編成
2 拡張
3 小康
4 飼育
5 円熟
6 規模
7 消費税
8 負担
9 看板
10 防犯
11 鳥居
12 生
13 灰色
14 強
15 冷
16 輪切
17 練
18 芝生
19 提
20 退

実戦模擬テスト⑵

●70～73ページ

（一）
1 ちょうぼ
2 さつえいかい
3 ひ
4 ようご
5 なっとく
6 しょうてん
7 こもん
8 ほうかい
9 ふうとう
10 ばんたん
11 はき
12 はんかがい
13 ろうでん
14 ちっそく
15 こうみょう
16 ていせい
17 きっさ
18 たいぼう
19 ふんそう
20 しんせい
21 ほぼしら
22 し
23 つど
24 はか
25 ひか
26 そ
27 あ
28 あや
29 まわ
30 ここち

（二）
1 ウ
2 オ
3 ア
4 オ
5 ウ
6 ア
7 ア
8 ウ
9 エ
10 ア
11 イ
12 オ
13 ウ
14 ア
15 オ

（三）
1 ケ
2 キ
3 ウ
4 オ
5 コ

（四）
1 ウ
2 イ
3 ア
4 エ
5 イ
6 オ
7 ア
8 エ
9 ウ
10 ア

（五）
1 イ
2 エ
3 ア
4 イ
5 エ
6 エ
7 ウ
8 ア
9 ア
10 ウ

（六）
1 重
2 連
3 変
4 末
5 模
6 応
7 久
8 推
9 熟
10 素

（七）
1 競い
2 辞める
3 著しい

4 裁い
5 朗らかな

(八)
1 刻苦
2 我田
3 異口
4 順風
5 円転
6 争鳴
7 付和
8 集散
9 工夫
10 容姿

(九)
1 摂・節
2 長・張
3 旨・視
4 改・会
5 澄・済

(十)
1 就任
2 適切
3 臨時
4 樹立
5 加盟
6 得策
7 装置
8 格段
9 気品
10 候補
11 映
12 座
13 傷薬
14 似
15 潮時
16 速
17 保
18 紅
19 小銭
20 時雨

実戦模擬テスト⑶

●74～77ページ

(一)
1 こうえつ
2 ゆうりょ
3 かんわ
4 きんかい
5 ぎゃくたい
6 けいじ
7 こうそく
8 げんそう
9 こくふく
10 しんちょう
11 しゅうぜん
12 とくめい
13 こはん
14 れいじ
15 ぼうがい
16 そうなん
17 いしょく
18 きんみつ
19 きち
20 はろう
21 さ
22 も
23 はだか
24 ほ
25 かね
26 おもむ
27 あきな
28 つか
29 ゆくえ
30 と

(二)
1 オ
2 ア
3 イ
4 ウ
5 イ
6 ア
7 エ
8 ウ
9 オ
10 エ
11 ア
12 イ
13 ウ
14 イ
15 オ

(三)
1 ウ
2 ケ
3 コ
4 ア
5 キ

(四)
1 オ
2 ウ
3 エ
4 ア
5 イ
6 イ
7 ア
8 エ
9 ア
10 ウ

(五)
1 ウ
2 ウ
3 ア
4 ウ
5 イ
6 エ
7 ア
8 エ
9 イ
10 エ

(六)
1 産
2 厚
3 消
4 放
5 細
6 解
7 冷
8 底
9 座
10 別

(七)
1 栄える
2 災い
3 備える
4 浴びせ
5 勇ましい

(八)
1 生殺
2 用意
3 取捨
4 暖衣
5 当意
6 危機
7 応報
8 落日
9 有望
10 四分

(九)
1 標・評
2 器・機
3 約・訳
4 思・視
5 望・臨

(十)
1 早速
2 出納
3 類似
4 善処
5 訪問
6 慣習
7 明朗
8 穀物
9 徒労
10 共鳴
11 治

12 養
13 飼
14 女神
15 境
16 余
17 敵
18 導
19 歯並
20 日和

実戦模擬テスト(4)

●78～81ページ

(一)
1 しゅうかく
2 とおう
3 かんもん
4 きょうい
5 けんやく
6 かいこん
7 さくしゅ
8 ふくし
9 ふんぼ
10 すいぼくが
11 ばっさい
12 ぼうちょう
13 とうけつ
14 じゅんしゅ
15 じぜん
16 あいかん
17 かさく
18 けいらん
19 すいじ
20 しゃめん
21 あさせ
22 かろ
23 おとろ
24 こ
25 む
26 おさ
27 お
28 はげ
29 しだい
30 みやげ

(二)
1 イ
2 ア
3 オ
4 ア
5 オ
6 エ
7 オ
8 ア
9 ウ
10 エ
11 イ
12 ウ
13 ウ
14 イ
15 エ

(三)
1 ウ
2 キ
3 コ
4 ア
5 オ

(四)
1 ア
2 ウ
3 オ
4 ウ
5 ア
6 エ
7 エ
8 ア
9 イ
10 イ

(五)
1 エ
2 ア
3 ウ
4 エ
5 ウ
6 イ
7 ア
8 ウ
9 ア
10 エ

(六)
1 修
2 費
3 従
4 続
5 薄
6 他
7 亡
8 量
9 期
10 歴

(七)
1 平らげ
2 商う
3 割れる
4 疑わしい
5 縮め

(八)
1 志操
2 天衣
3 好機
4 不敵
5 馬耳
6 令色
7 多才
8 息災
9 無量
10 腹背

(九)
1 待・態
2 転・展
3 張・調
4 形・型
5 織・折

(十)
1 逆境
2 定評
3 発揮
4 痛快
5 月刊
6 貧弱
7 絶賛
8 補足
9 街頭
10 枚挙
11 値札
12 移
13 化
14 割安
15 泉
16 的外
17 故
18 若人
19 舌打
20 古株

実戦模擬テスト(5)

●82～85ページ

(一)
1 ぎょうし
2 さんがく
3 てんか
4 かんき
5 たんこう
6 こ
7 がいとう
8 ばいしん
9 しっつい
10 はいしゅつ
11 にょうい
12 まいぞう
13 ゆうほう
14 ほんやく

15 らんよう
16 りょう
17 がろう
18 りょうかい
19 めんじょ
20 ちゅうしゃ
21 うなが
22 ひそ
23 よ
24 ふくろ
25 ぬ
26 ここち
27 あつか
28 ゆくえ
29 おこた
30 つど

(二)
1 イ　2 ウ
3 オ　4 イ
5 エ　6 ア
7 ウ　8 イ
9 エ　10 イ
11 オ　12 ウ
13 ウ　14 ア
15 エ

(三)
1 キ　2 エ
3 ク　4 ウ
5 ケ

(四)
1 ウ　2 ア
3 エ　4 オ
5 イ　6 エ
7 ウ　8 ア
9 イ　10 エ

(五)
1 ア　2 ウ
3 イ　4 エ
5 ウ　6 エ
7 ア　8 ア
9 エ　10 イ

(六)
1 合　2 追
3 在　4 防
5 起　6 落
7 念　8 承
9 利　10 尊

(七)
1 垂らす
2 蒸らす
3 幼い
4 背ける
5 責める

(八)
1 深山
2 旧態
3 道断
4 雲散
5 単純
6 当千
7 無我
8 無尽
9 術数
10 果敢

(九)
1 形・系
2 体・帯
3 複・副
4 作・策
5 延・円

(十)
1 高層
2 談笑
3 財布
4 拝借
5 磁石
6 弟子
7 納得
8 首脳
9 度胸
10 保留
11 旅路
12 届
13 目盛
14 秘
15 優
16 報
17 補
18 綿
19 険
20 紅葉

●86～89ページ

実戦模擬テスト⑥

(一)
1 しもん
2 じじょ
3 たき
4 とうげい
5 なんばん
6 ぼっとう
7 れんばい
8 ていはく
9 ふにん
10 ていけつ
11 たいほ
12 ひょうりゅう
13 さくぼう
14 りゅうせい
15 ちゅうせん
16 ゆうわく
17 そち
18 けいき
19 ずいこう
20 べいじゅ
21 にく
22 うば
23 く
24 おだ
25 きも
26 あ
27 ゆ
28 た
29 えがお
30 わこうど

(二)
1 ア　2 エ
3 オ　4 エ
5 オ　6 イ
7 ウ　8 ア
9 イ　10 ウ
11 ア　12 イ
13 オ　14 ア
15 ウ

(三)
1 コ　2 ク
3 ア　4 イ

5 エ

(四)
1 ア
2 ウ
3 オ
4 イ
5 エ
6 イ
7 エ
8 ア
9 イ
10 ウ

(五)
1 エ
2 イ
3 ウ
4 ア
5 イ
6 ア
7 ウ
8 イ
9 エ
10 ウ

(六)
1 素
2 減
3 降
4 止
5 統
6 変
7 列
8 柄
9 非
10 疑

(七)
1 営ん
2 自ら
3 速やかに
4 染める
5 難しい

(八)
1 心機
2 試行
3 空中
4 破顔
5 玉石
6 成就
7 代謝
8 知新
9 自在
10 分別

(九)
1 集・収
2 予・余
3 伴・判
4 伸・延
5 面・綿

(十)
1 検討
2 燃料
3 想起
4 便乗
5 申告
6 信頼
7 低迷
8 確実
9 提唱
10 縦断
11 骨身
12 直
13 機織
14 従
15 現
16 厚手
17 健
18 激
19 片側
20 最寄